CRIMINOLOGIA E CRIMINALISTICA FORENSE

BARTOLO DANZI

CRIMINOLOGIA E CRIMINALISTICA FORENSE
BARTOLO DANZI

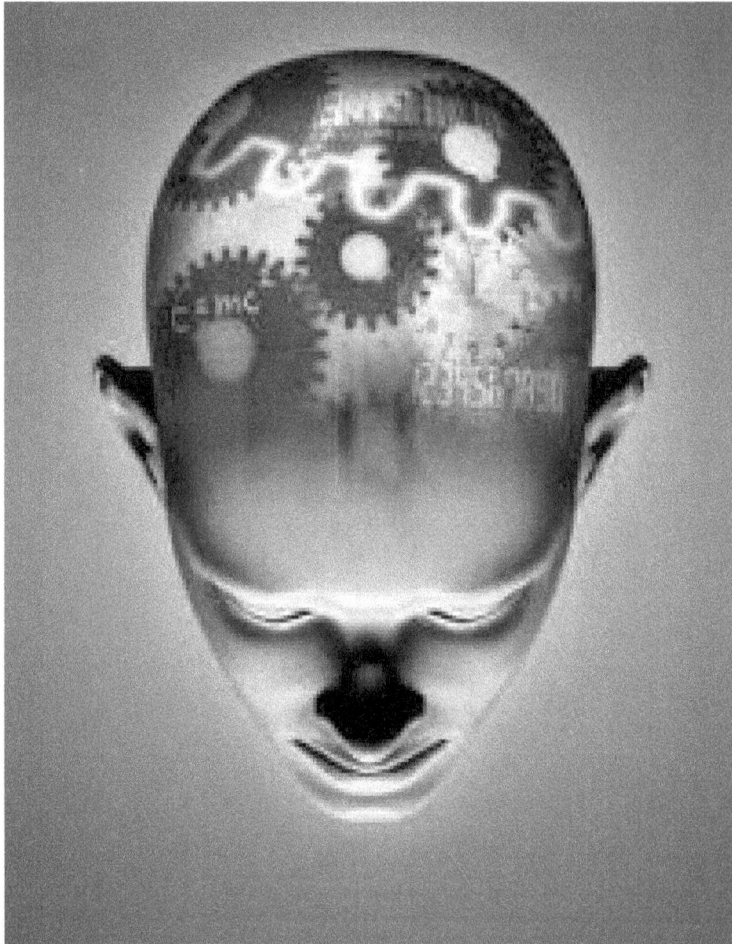

ISBN: [97988404464661]

2

Prima edizione [gennaio 2018]

Bartolo Danzi, *Giurista e Criminologo esperto in diritto, legislazione scolastica e scienze criminologiche nasce a Bari il 28 Febbraio 1964*

-.

Consegue la maturità scientifica presso il Liceo Scientifico Arcangelo Scacchi di Bari. Nel 1983 si laurea presso il Conservatorio "Niccolò Piccinini" di Bari

(Laurea di I livello).
Approfondisce la musicoterapia nelle devianze socio comportamentali.
A seguito di superamento di concorso pubblico, viene collocato nei ruoli dal MIUR quale docente della scuola di Stato con ben 26 anni di servizio.

Da circa 20 anni svolge attività sindacale nel comparto scuola risultando essere uno dei più importanti esperti giuristi di diritto e legislazione scolastica in Italia.
A conferma si vedano la pubblicazione dei suoi interventi di carattere nazionale su importanti riviste del settore scuola (Tecnica della scuola, Orizzonte scuola, Dirittoscolastico.it).
Il 24 maggio 2006 consegue la laurea in Criminologia (bachelor degree) con il massimo dei voti presso la facoltà di Legge della Charter University international (Codice di Verifica diretto sul sito web Charter

University LLB240880910) con i seguenti moduli di studio:

1- INTRODUCTION TO CRIMINOLOGY

2- CRIME SCENE MANAGEMENT

3- LEGAL ANALYSIS

4- CRIMINOLOGY AS AN AID TO LAW ENFORCEMENT

5-INFORMATION TECHNOLOGY IN CRIMINOLOGY

6- FORENSICS

7- CONSTITUTIONAL LAW

8- EVIDENCE

9- CRIMINAL PROCEDURE

10- PROFILING

Titolo di studio di laurea legalizzato a livello internazionale con Apostille.

Lifelerning su Scena del Crimine: criticità è risorse
votazione   *100/100*
codice licenza: 12351-70738-23996

Laurea doctorate Information technology engineering conseguito il 07.06.2019 presso CHARTER UNIVERSITY con il massimo dei voti sui seguenti moduli:

Advanced information technology concepts

Information technology in business and administration

The information centre, approach, tools, techniques and applications

.

Business data administration.

Data structures.

Distributed computing sistems.

International business administration.

Systems implementation

.

Database management and organization.

Operating sistems concepts, (verification code DSC290691725 SU www.charter.university).

Corso Hethical hacking: esperto in sicurezza informatica - lifelearning. *Votazione 100/100*
ù

Terrorismo internazionale. Evoluzione storica e concetti fondamentali. *Votazione 100/100.ù*

Codice di licenza:12351=116795-23996

Cyberbullismo come riconoscerlo e combatterlo - *Life Learning*
Codice di licenza:74460-289049-23996.

Investigazioni digitali forensi: strumenti e metodi per la lotta al cybercrime *votazione 100/100*

Codice di licenza:12351-233012-23996

Psicologia giuridica votazione 100/100

Codice di licenza:12351-130392-239960

Corso Maltrattamenti e Violenza sui minori. Combattere il fenomeno in modo efficace

Votazione 90/1000

Codice licenza 12351-71171-2399627

Corso riconosciuto Miur con certificazione Eipass Cyber crime e reati informatici.

(100 ore).

Corso Accredia Stalking e femminicidio

Corso Accredia GDPR e social privacy.

AMITY FUTURE ACCADEMY - corso in **Cybersecurity** - Aprile 2020

AMITY FUTURE ACCADEMY – corso in **Social media marketing** Aprile 2020

AMITY FUTURE ACCADEMY – corso in **DIGITAL ANALYTICS** Aprile 2020

*Corso **DIPENDENZE DA INTERNET: CYBERBULLISMO; GROOMING E SEXTING** – votazione 100/100*

8

Codice verifica Lifelearning 74460 -284952-23996

Ha all'attivo ben cinque pubblicazioni distribuite in tutto il mondo da Mondadori store ed Amazon:

"LA TUTELA LEGALE NEI CASI DI MOBBING"

Dettagli prodotto

Copertina flessibile: 390 pagine

Editore: Lulu.com (2 gennaio 2013)

Lingua: Italiano

ISBN-10: 1291240780

ISBN-13: 978-129124078ù

"CRIMINOLOGIA E CRIMINALISTICA FORENSE" - profili crimine, scena del crimine, archeologia forense, psicologia criminale, balistica
Dettagli prodotto

Copertina flessibile: 203 pagine

Editore: Lulu (13 luglio 2018)

Lingua: Italiano

ISBN-10: 0244699453

ISBN-13: 978-0244699451ù

"COSTRUIRE IL CONTRATTO D'ISTITUTO"

Dettagli prodotto

Copertina flessibile: 126 pagine

Editore: Lulu (21 luglio 2018)

Lingua: Italiano

ISBN-10: 0244998248

ISBN-13: 978-0244998240

"Cyberbullismo, Cyberstalking, cybercrime e reati informatici. Riconoscerli e combatterli"

ISBN 9781790656851ù

Un suo articolo sullo stalking lavorativo viene riportato in una importante pubblicazione di Gianluca D'Aiuto Stalking - Aspetti sostanziali

processuali e profilo psicologico ED. Giuffré Lefebvre.

https://shop.giuffre.it/pub/media/altriallegati/ERRAT ACORRIGE_024208936.pdf

*E' un developer programmatore autore di diverse importanti applicazioni pubblicate **sugli store mondiali di Amazon e Google play store***

Consulente criminologo in ambito penale e civile quale consulente sindacale (lavoro)

Dal 2008 risulta quale AUTORE S.I.A.E

***Risulta iscritto all'ordine Europeo dei Criminologi forensi di Bruxelles**.*

E' iscritto al registro professionale dell'Accademia europea scienze criminologiche e forensi ente accreditato Miur. E' responsabile di sede della medesima Accademia per la Puglia.

PRESENTAZIONE

Lo scopo di questo volume è quello di riassumere il vasto complesso delle conoscenze che, nelle varie sfaccettature, costituiscono il *corpus* della criminologia.

La fusione di contributi multidisciplinari, in particolare del diritto, della psicologia, della sociologia, della psichiatria, dell'antropologia criminale e della medicina-forense. Infine, l'ultima parte del volume è dedicata alla criminalistica. Si tratta, in realtà, di una visione scientifica che tiene conto della natura multidisciplinare della criminologia, cui si dedicano i primi sette capitoli dell'Opera.

Tuttavia, in un'analisi futurista, come quella compiuta dall'Autore, non può trascurarsi la tendenza, ormai ampiamente realizzatasi nei Paesi di cultura anglosassone, di considerare le varie parti che compongono la criminologia, come più generale diramazione delle scienze forensi.

Ma quella che è ancora chiamata criminalistica, rappresenta un chiaro contributo delle scienze forensi all'investigazione criminale.

I pilastri su cui si basa la disciplina, sfociano in una chiara disamina metodologica delle fonti delle conoscenze criminologiche.

Le intime relazioni intercorrenti tra le fenomenologie delittuose e i fattori sociali, economici, istituzionali, situazionali, al fine di identificare le fattispecie criminose più comuni, sia tradizionali, sia di più recente tendenza, dedicandone una parte della trattazione alle teorie sociologiche, psicologiche e multifattoriali che concorrono alle spiegazioni del delitto. Lo studio delle implicazioni che seguono alla commissione dei crimini non può prescindere da un approccio incentrato anche sul ruolo della vittima, sempre più ritenuta, oggi, soggetto interagente nella complessa dinamica relativa alle origini, ai moventi e alle modalità dell'azione criminosa.

Vengono puntualizzate in modo aggiornato alcune delle metodiche scientifiche della investigazione criminale che, oggi, sono molto note. Queste metodiche, peraltro, non sono avulse dal contenuto più generale dell'Opera, ma sono inserite in un contesto appropriato che parte dall'analisi scientifica della scena del crimine per individuarne i reperti fondamentali e per costruire, su di essi, tutte le fasi salienti.

Il volume anche in relazione alle tecniche investigative è rivolto agli operatori del settore e può trovare una ulteriore fascia di lettori anche nel pubblico più generale, perché è scritto in modo chiaro.

INDICE

CRIMINOLOGIA E CRIMINALISTICA FORENSE
BARTOLO DANZI

PARTE PRIMA

CRIMINOLOGIA GENERALE

Capitolo 1

La SCIENZA CRIMINOLOGICA

1.1 Le scienze criminali

Le scienze criminali, l'insieme delle conoscenze delle fenomenologie delittuose nella società.

Vi rientrano, oltre alla criminologia, la vittimologia, la politica penale (o criminale), ii diritto penale, il diritto penitenziario, la psicologia giudiziaria e giuridica, la criminalistica.

La Vittimologia è una scienza autonoma dalla criminologia, studia la vittima del crimine, nella sua personalità, caratteristiche psicologiche, morali, sociali e culturali ed ogni sua possibile relazione l'autore del crimine. Difatti, tali fattori sono importanti ai fini della vittimizzazione ossia dell'individuazione dei fattori di determinati soggetti o categorie di soggetti. Ma lo studio della vittima alla elaborazione del c.d. profilo criminale dell'autore di un reato (tecniche di *criminal profiling*).

Per quanto attiene alla politica penale, essa pone gli obiettivi perseguiti dal diritto penale in materia di

prevenzione della criminalità: La depenalizzazione di alcune fattispecie superate di reati e la conseguente creazione di fattispecie delittuose nuove, come logica conseguenza dell'evoluzione degli stimoli sociali. L'elaborazione e gli strumenti e i mezzi per combattere la criminalità, attraverso l'ausilio di molteplici saperi e altrettante discipline come l'antropologia, al diritto penale e processuale penale, alla stessa Criminologia, alla sociologia, alle scienze economiche e sociali, a quelle morali e filosofiche. Se la politica criminale è un aspetto della politica sociale, e attribuisce al diritto penale il ruolo di estrema ratio, quest'ultimo e, al tempo stesso, suo strumento e limite.

1.2 - PSICOLOGIA CRIMINALE

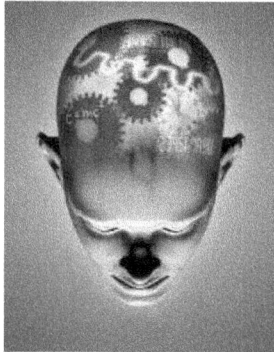

La Psicologia Criminale è il settore della psicologia che ti permetterà di investigare il pensiero, le emozioni e il comportamento del criminale.

Sono tante le persone che possono giovare della conoscenza della Psicologia Criminale: chi si occupa di prevenzione del crimine, valutazioni e perizie nel settore criminologico, forze dell'ordine, psicologi, medici, investigatori, sociologi, criminali profiler, gli operatori che lavorano nelle carceri, chi comunica il crimine come fotografi, giornalisti, soccorritori e anche chi aspira a diventare una di queste figure.

Quando c'è un delitto, un omicidio, un crimine irrisolto, l'operatore deve occuparsi di accumulare il maggior numero di dati possibili ed analizzarli. Successivamente dovrà costruire un profilo psicologico il più dettagliato possibile per ridurre l'iniziale cerchia di possibili colpevoli ad un numero sempre minore fino a capire chi è l'effettivo colpevole.

1.3 - CRIMINAL PROFILING

La **profilazione criminale** o, in inglese il *Criminale Profiling* è una scienza che si occupa di investigare il profilo psicologico personale di un soggetto, individuando i parametri identificativi principali di un soggetto ignoto (S.I.) di un crimine.

Il criminologo o Profiler è l'esperto che individua il responsabile di un crimine, previene le possibili situazioni a rischio individuando la pericolosità soggettiva.

Il Profiling nella criminologia, in famiglia, nella coppia e per le aziende e in ambiente giudiziario si affianca comunemente alla Grafologia Criminalistica.

1.4 La figura del criminologo

In Italia la figura del criminologo è più limitata rispetto al contesto internazionale, dove i Criminologi sono dei professionisti che collaborano anche con le autorità ma

soprattutto al servizio dei privati e delle aziende, mentre purtroppo in Italia le indagini investigative erano fino a pochi anni fa quasi di esclusiva competenza dell'autorità inquirente e delle forze dell'ordine.

La sicurezza del cittadino viene pertanto ad essere pesantemente compromessa dalla burocrazia che controlla uno strumento così importante non solo nella fase investigativa e punitiva del crimine, ma soprattutto in quella preventiva, di valutazione delle situazioni a rischio, diretta a circoscrivere o contenere le situazioni potenzialmente critiche o socialmente pericolose.

Non è certo di poco conto come la cronaca giudiziaria di questi ultimi anni ha visto una evoluzione della figura dell'esperto in criminologia e del diritto e la possibilità di tutela anche attraverso tali professionisti del settore.

Difatti con la legge n. 397 del 7 dicembre 2000 (www.giustizia.it/cassazione/leggi/l397_00.html) anche ai privati di potersi avvalere di professionisti dell'investigazione e prevenzione del crimine, avvalendosi delle investigazioni difensive attraverso investigatori privati, specialisti di criminologia, consulenti incaricati di coadiuvare gli organi principali nella risoluzione del caso e nel raggiungimento della verità.

Di frequente le indagini vengono affrontate con "tecniche alternative": balistica, genetica forense, medicina legale, tossicologia.

Spesso vi è una confusione terminologica tra investigazione e criminalistica, quest'ultima risponde ai quesiti "dove" e "come" è stato commesso un reato, mentre l'investigazione si occupa principalmente di stabilire chi lo ha compiuto.

L'importante è tener conto dei requisiti necessari che sono strettamente personali, come la predisposizione, la passione per l'investigazione e la ricerca, capacità empatiche ed investigative che rendono un professionista un esperto nel suo campo.

Il Criminologo può lavorare come:

- esperto nel Tribunale dei minori;

- membro non togato del Tribunale di Sorveglianza;

- nel carcere come esperto in materia di trattamento;

- perito, nominato dal giudice, nell'ambito di un processo che richiede la valutazione dell'imputabilità; esperto nella consulenza aziendale in termini di sicurezza;

collaboratore con le forze dell'ordine, come ad esempio il profiler

1.4 Il profiler

Evitare che vengano commessi dei crimini è sicuramente prioritario rispetto alla loro prevenzione, perché diretto proprio ad evitare che possano essere commessi.

Il *profiling* poggia sulla constatazione che il comportamento riflette la personalità di un individuo e da questa presa di posizione ne deriva che le azioni di un criminale, durante l'esecuzione di un reato, rispecchiano le sue caratteristiche individuali.

L'obiettivo principale è fornire agli investigatori delle informazioni che possano essere utili all'identificazione e alla cattura di un criminale; il *profiling* si propone quindi di ridurre gradualmente il cerchio dei sospettati a pochi individui, contraddistinti da particolari caratteristiche e comportamenti.

Quelle che seguono, sono le domande base che ogni *profiler* si deve sempre porre prima di qualunque supposizione:

Cosa è successo durante l'esecuzione del reato?

Che tipo di individuo potrebbe commettere un simile crimine?

Quali caratteristiche solitamente possono essere associate a un tale soggetto?

Secondo una definizione generale, il *profilo psicologico* può essere considerato come l'analisi delle

principali caratteristiche comportamentali Il "profiler" è colui che traccia il profilo del reo, non ancora identificato, attraverso le metodologie di base prese in considerazione dal criminologo, ovvero quelle statistico-scientifiche, cercando di individuare le caratteristiche del potenziale colpevole sotto il profilo sociologico, psicologico e criminologico per poterlo assicurare alla giustizia ma anche per prevenire il verificarsi di altri crimini simili.

26

Infatti l'importanza di un rofiler è sicuramente nella fase preventiva, cautelativa, di prevenzione, di messa in sicurezza, di tutela e di prevenzioni delle possibili situazioni o soggetti a rischio e di personalità di un individuo, ottenibili dall'analisi dei crimini che il soggetto stesso ha commesso, non ci si limita ad ipotizzare i tratti della personalità quindi, ma il profilo deve includere anche informazioni socio-demografiche come età, sesso, razza, occupazione, istruzione ed altre caratteristiche simili.

La costruzione di un profilo si basa sulla premessa fondamentale che una corretta interpretazione della scena del crimine può indicare il tipo di personalità del soggetto che ha commesso il delitto.

La tecnica del profilo si attua comparando casi simili e utilizzando metodologie statistiche di analisi che hanno

come risultato il raggiungimento di un giudizio, probabilmente sotto la forma "se allora".

Di seguito, i presupposti fondamentali del *criminal profiling*:

1.6. La scena del delitto riflette la personalità dell'autore.

L'analisi globale della scena del crimine serve per formarsi un'idea della personalità del criminale.

Nel caso di crimini seriali, la rappresentazione dei bisogni compulsivi si manifesta in tutte le scene del crimine, perché diventa parte integrante della personalità del criminale.

- *La modalità del delitto tende a rimanere la stessa nel tempo.*

Il criminale tende a utilizzare lo stesso *modus operandi* nella sua serie di crimini, dato che ciò soddisfa i suoi bisogni emotivi e le sue fantasie o *La "firma" rimane sempre la stessa.*

- La personalità dell'autore tende a rimanere sostanzialmente la stessa nel tempo.

Il nucleo della personalità di un individuo tende a non cambiare durante il tempo e la stessa cosa avviene nel criminale.

Criminali diversi, con personalità "simili", compiono crimini simili.

La costruzione del profilo psicologico è di natura intrinsecamente probabilistica e non identifica il criminale con una certezza assoluta, ma individua quelle che potrebbero essere le sue caratteristiche di personalità.

In uno scenario globale sempre pregno di evidenze criminologiche, di misfatti e crimini, di colpevoli e presunti tali, di prova scientifica e tecnologia, di ingiuste detenzioni, di inconfutabili prove o di incertezze legislative, parlare di profiling diventa di rilevanza essenziale e determinante per la sicurezza non solo territoriale ma soprattutto personale.

Profiling significa profilo, ovvero chiara e breve biografia che descrive le caratteristiche più salienti di un soggetto, nel gergo spesso si utilizzano anche altri termini come *criminal profiling, behavior profiling, criminal*

*personality profiling, criminal investigative analysis, f*orensic profiling, psychological profiling.

Il **profiling** deve anche essere considerato un mezzo ed un metodo di indagine che fornisce un supporto all'investigazione tradizionale.

Profiling significa anche individuare alcuni tratti biologici del comportamento, che siano essi innati o anche acquisiti, individuare tendenze, impulsi e stati affettivi, individuare alcuni tratti psichici e personalizzanti.

Tipologie di profiling.

Tradizionalmente, il profiling comprende due tipi di approcci: **induttivo e deduttivo**. Entrambi possono avere efficacia e validità solo se utilizzati sinergicamente e soprattutto non in modo assoluto.

Profiling induttivo: si parte da un insieme di dati relativi ad eventi simili, correlati a dati delle persone che gli hanno causati in modo da dedurre il profilo di un criminale standard per quel particolare reato. In tal senso, si assume che il comportamento passato è il miglior predittore del comportamento futuro e che criminali che un tempo hanno compiuto certi tipi di reati sono simili, socio-culturalmente agli odierni criminali che commettono la stessa tipologia

di crimine. Il limite lampante di tale approccio è che non è sempre vero che il passato ci può prognosticare il futuro. Inoltre, occorre anche criticamente considerare che il crimine odierno, rispetto al passato, si è evoluto.

Profiling deduttivo: scopo è dedurre il comportamento di un particolare criminale dalle evidenze. In tal senso, si enfatizza la rilevanza delle informazioni provenienti dal crime *scene* e dallo studio della vittima.

Ad oggi, in realtà, si utilizza un approccio di tipo **misto** ed esistono, contemporaneamente, anche metodiche differenti che utilizzano, ad esempio, sistemi sofisticati ed evoluti di intelligenza artificiale. Il Profiling è la ricerca del tipo di personalità, caratteristiche personali e di abitudinarietà che vengono fatte quanto è necessario risalire all'identità di una persona per rintracciare l'autore del crimine.

In criminologia infatti è lo studio dell'autore cercando di raccogliere indizi sia sul luogo del fatto, sul corpo della vittima e sigli ambienti del vissuto di quest'ultima.

Se l'autore del reato conosceva la sua vittima, come solitamente succede, è più che probabile che l'abbia seguita nei luoghi che la stessa frequentava, la famiglia, la scuola, il gruppo di amici e di svago culturale, ma anche i luoghi privati come i posti dove era solita passeggiare, i parchi dove si fermava a leggere, le passioni e gli interessi che facevano parte della sua vita.

Tutto il contesto di una vita è utile per cercare indizi, collegamenti e connessioni con chi potesse avere il motivo, la possibilità, il movente e l'opportunità di commettere contro la vittima un reato.

Il Profiling ha anche ulteriori utilizzi.

Il Profiling è usato per la famiglia o per le relazioni sentimentali per andare alla ricerca profonda della persona con cui si condivide la vita, nel caso sussistano forti dubbi sulla sua onestà e correttezza.

Capire la persona che si è sposato, con cui si vorrebbe condividere la vita, la persona che diventerà l'altro genitore dei figli, la persona con cui si pensa di creare una convivenza è importante perché la scelta di vita di condivisione espone a dei rischi particolari.

Le notizie di cronaca nera non fanno che confermarci che il più delle volte l'omicida, il violentatore, l'aggressore era una persona molto vicina alla vittima, spesso il convivente stesso, il compagno o il fidanzato.

Avere una valutazione della persona che farà parte della nostra vita non è solo esaudire delle proprie curiosità ma è tutelarci, metterci nelle condizioni di sapere se c'è un reale pericolo di vita, soprattutto quando si vantano già dei sospetti.

I sospetti non andrebbero mai sottovalutati perché sono dei segnali rilevatori, di monito che la nostra mente ha già rilevato e che ritiene degne di essere ascoltati perché stimolano paura, dubbio, incertezza, senso del pericolo e della inaffidabilità.

Meglio assicurarsi la verifica dei sospetti da un esperto che lasciare al caso la possibilità che possano emergere oppure non rischiando l'incolumità.

Il Profiling inoltre dovrebbe essere maggiormente utilizzato nelle aziende ogni occasione che si deve gestire il personale, per un'eventuale assunzione, spostamento di ruolo o verifica delle capacità professionali acquisite per un avanzamento di carriera.

La gestione del personale umano non può essere attuata allo stesso modo che per le altre risorse materiali, in quanto la personalità dei soggetti coinvolti è una materia viva, in costante evoluzione, sia a causa di aventi personali, famigliari che dell'ambiente lavorativo stesso, situazioni che incidono sull'individuo modificandolo inevitabilmente, cambiando il suo carattere, il suo atteggiamento coi colleghi, coi capi e col pubblico.

L'individuo in un contesto lavorativo è come creta che viene manipolata per adattarsi all'ambiente in maniera costruttiva e consona, diversamente diventerebbe un punto di rottura del sistema stesso.

In ogni azienda è previsto un lavoro di squadra, di equipe, se l'elemento che si aggiunge lavora in modo positivo e costruttivo per il gruppo e con il gruppo a beneficio dell'azienda non solo se ne avvantaggia il gruppo stesso ma l'azienda intera, aumentando profitti ed ottimizzando le risorse investite.

Diversamente un soggetto inserito nell'equipe a lui non consona e non idonea, con cui non crea il giusto feeling lavorativo, con cui si sente minacciato o limitato, sminuito o non apprezzato sarà un elemento negativo franante, deleterio per il

 lavoro di squadra e sicuramente non trainante verso la massimizzazione dei risultati.

Comprendere per tempo se la persona scelta, o che verrà scelta, sarà un elemento di collaborazione valido e costruttivo è di preminente importanza per l'azienda che sulla persona fa un investimento di potenzialità che non è soltanto il semplice reddito annuale ma è la capacità interna e potenziale della azienda come struttura, formata cioè dall'insieme dei suoi collaboratori, ad auto incrementarsi, auto aumentarsi ed auto potenziarsi per migliorare e crescere.

La ricerca dei soggetti coinvolti è una materia viva, in costante evoluzione, sia a causa di aventi personali, famigliari che dell'ambiente lavorativo stesso, situazioni che incidono sull'individuo modificandolo inevitabilmente, cambiando il suo carattere, il suo atteggiamento coi colleghi, coi capi e col pubblico.

Perché la somma matematica delle persone non è mai uguale all'insieme delle loro potenzialità, capacità ed abilità portate alla massima ottimizzazione.

Questa potenzialità della risorsa umana nella azienda può essere fatta attraverso una valutazione che parte sia dalla personalità, effettuata attraverso grafo diagnosi, la valutazione della Comunicazione Non Linguistica o Para Linguistica, la valutazione del linguaggio del corpo e delle sue modalità di espressioni.

Investire in un soggetto non significa soltanto aspettarsi una resa pratica del risultato a fine giornata è un investimento che deve mettere la società nella condizione di poter crescere migliorandosi sempre di più con le risorse di cui già dispone senza ulteriori tipi di investimento.

PARTE SECONDA

2.1   Il criminal profiling come prova scientifica

+ risorsa bonus (Serial Killer – 12 segni premonitori del comportamento) *

senza generalizzare e senza formulare ipotesi di causalità diretta

Negli ultimi anni abbiamo assistito al proliferare dei casi di omicidio seriale, soprattutto nelle aree più industrializzate del mondo.

Ma siamo sicuri che quest'aumento esponenziale sia dovuto a un reale aumento di omicidi seriali e non invece al semplice fatto che è migliorata la capacità di riconoscerli attraverso le tecniche investigative, la creazione di archivi del crimine e il lavoro dei profiler?

Ma quali compiti spettano ad un bravo criminal Profiler?

- **Rivede ed analizza** i materiali di indagine come foto, prove (scientifiche e non) e le relazioni dei testimoni.

- **Discute con gli agenti sul campo** dei dettagli di un crimine, al fine di fornire consulenza e approfondimenti rilevanti.

  E' sempre aggiornato sui casi e le tecniche investigative relative ad un determinato campo del crimine. Forma Agenti Speciali nell'uso delle tecniche di analisi comportamentale in modo che possano fornire supporto all'indagine sul campo. - **Partecipa a conferenze** e mantiene i contatti con altro personale delle forze dell'ordine al fine di ottenere informazioni sulla psicologia del comportamento rilevante in tema di crimine violento.

- **Conduce ricerche** in materia di psicologia *"aberrante"* ed altri aspetti del comportamento criminale violento o seriale.

  ? Domande, tra le altre, alle quali deve rispondere il Criminal Profiler:

-

-

- Cosa è successo durante l'esecuzione del reato? - Che tipo di individuo potrebbe commettere un simile crimine?

- Quali caratteristiche solitamente possono essere associate ad un tale soggetto?

- Tanto premesso si può sostenere senza indugio che all'interno della branca della psicologia criminale, si sviluppa in piena autonomia quell'attività chiamata **criminal profiling.** Secondo tale disciplina si elabora un profilo psicologico e comportamentale di un criminale ancora sconosciuto, partendo dai più piccoli ed apparentemente insignificanti dettagli della scena del crimine, da ogni notizia disponibile sulla vittima e da qualunque altra informazione. Il profiling pone i propri assunti sulla constatazione

-

- che il comportamento riflette la personalità di un individuo e da questa presa di posizione ne deriva che le azioni di un criminale, durante l'esecuzione di un reato, rispecchiano le sue caratteristiche individuali. L'obiettivo principale è fornire agli investigatori delle informazioni che possano essere utili all'identificazione e alla cattura di un criminale. Il profiling si propone quindi di ridurre gradualmente il cerchio dei sospettati a pochi individui, contraddistinti da particolari caratteristiche e comportamenti. Quelle che seguono, sono le **tre domande base** che ogni *profiler* si deve sempre porre prima di qualunque supposizione:

- **A)** cosa è successo durante l'esecuzione del reato? **B)** che tipo di individuo potrebbe commettere un simile crimine?

- **C)** quali caratteristiche solitamente possono essere associate a un tale soggetto?

Dovendone dare una definizione, il profilo psicologico può essere considerato come: *"l'analisi delle principali caratteristiche comportamentali e di personalità di un individuo, ottenibili dall'analisi dei crimini che il soggetto stesso ha commesso"*, non ci si limita ad ipotizzare i tratti della personalità quindi, ma il profilo deve includere anche informazioni sociodemografiche come età, sesso, etnia, occupazione, istruzione ed altre caratteristiche simili. La costruzione di un profilo si basa sulla fondamentale premessa che una corretta interpretazione della scena del crimine può indicare il tipo di personalità del soggetto che ha commesso il delitto. Secondo il Commissario di Polizia, Dott.ssa Rapetti Cristina, criminologa con anni di esperienza sul campo: *"la **metodologia** del profilo si attua comparando* *casi simili e utilizzando metodologie statistiche di analisi che hanno come risultato il raggiungimento di un* **giudizio prognostico**. *Di seguito, i presupposti fondamentali del criminal profiling:*

— *La scena del delitto* **rispecchia** *la personalità dell'autore.*

— *L'analisi globale della scena del crimine serve per formarsi* **un'idea di organizzazione della personalità** *del criminale. — Nel caso di crimini seriali, la rappresentazione dei bisogni compulsivi si manifesta in tutte le scene del crimine, perché diventa parte integrante della personalità del criminale. La modalità del delitto tende a* **cristallizzarsi nel tempo**. *— Il criminale tende a* **replicare** *lo stesso modus operandi nella sua serie di crimini, dato che ciò soddisfa i suoi bisogni emotivi e le sue fantasie. — La "firma" rimane sempre la stessa. Il nucleo della personalità di un individuo tende a non cambiare durante il tempo e la stessa cosa avviene nel criminale.* **Criminali diversi, con personalità "simili", compiono crimini simili.** *La costruzione del profilo psicologico è di natura intrinsecamente* *probabilistica e* **non** *identifica il criminale con una* **certezza**

assoluta*, ma individua quelle che potrebbero essere le sue*

caratteristiche di personalità".

In letteratura sono riconosciuti due approcci fondamentali allo studio del profilo criminale:
il **"Modello dell'FBI" e "Modello Anglosassone".**

Il primo nasce alla fine degli anni '70 presso la Unità di analisi comportamentale dell'FBI di Quantico, in Virginia ed il lavoro di questa sezione porta alla classificazione degli autori di omicidio (organizzato/disorganizzato) e allo sviluppo del *Violent Criminal Apprehension Program*

(VICAP), che nasce come strumento per l'attività del collegamento dei delitti e si distingue in quattro fasi:

1) la prima fase comporta la **raccolta di ogni**

genere di prova materiale derivante da un'accurata analisi della scena del crimine *(informazioni medico-legali risultati dall'autopsia, relative alla vittima e informazioni della Polizia circa le caratteristiche sociali e criminologiche della zona);*

2)

3) nella seconda fase si **classifica il materiale raccolto nella fase precedente**, ovvero si ricercano il movente, i fattori di rischio di vittimizzazione, *l'escalation* e il luogo dell'aggressione, per valutare il grado di mobilità criminale;

4) nella terza fase **si valuta il crimine nella sua globalità**, utilizzando il Crime Classification Manual per classificare il delitto, eventuali procedure di staging (*ovvero alterazione della scena del crimine per dissimulare il movente*), la dinamica del delitto e il movente;

5) infine, nell'ultima fase **si stende il profilo**, all'interno del quale vengono elencate le caratteristiche sociodemografiche e comportamentali lo stile di vita e il tipo di occupazione del sospetto.

6) punto di forza di quest'approccio consiste nell'uso di procedure statistiche e nel costante confronto empirico delle ipotesi, finalizzato allo sviluppo di un **modello scientifico** di profilo criminale.

5)Inoltre alle categorie organizzato/disorganizzato dell'approccio dell'FBI spesso tra loro sovrapponibili, Canter e la propria equipe propongono la classificazione dicotomia **espressivo/strumentale**, sulla base delle motivazioni intrinseche che spingono il criminale a compiere l'azione delittuosa.

Letture STRETTAMENTE COLLEGATE al

capitolo:

"Profilers: leading investigators take you inside the criminal mind", **Campbell J. & De Nevi D**. *"Serial killer. Storie di ossessione omicida"*, -

Lucarelli C. & Picozzi M.

2.2 - 1 isolamento sociale. Forti sentimenti d'isolamento durante l'infanzia. Si tratta di bambini nei quali la fantasia assume un ruolo predominante e compensa una realtà povera di stimoli positivi.

Queste fantasie hanno la caratteristica di essere precocemente sessualizzate con contenuti che turbano profondamente il bambino, ma, allo stesso tempo, lo eccitano (!). Il bambino si lascia sedurre dal suo mondo fantastico ma non favolistico e, progressivamente, si allontana da quello reale;

2.3 - 2 difficoltà di apprendimento. Danni fisici e mentali, deprivazioni precoci ed una mancanza cronica di fiducia attorno a sé, sono tutti fattori che contribuiscono a creare il fallimento scolastico, situazione comune a molti assassini seriali. Nonostante la maggior parte di loro abbia un quoziente intellettivo medio o, addirittura, elevato non riescono a sopportare il peso degli studi, a causa della stessa inquietudine interna che provoca la loro incostanza nel campo lavorativo;

2.4 #3 sintomi di danno neurologico. Questo **danno può essere provocato da una ferita o da una malattia.** In taluni casi, un forte trauma alla testa è associato all'apparizione improvvisa di un comportamento aggressivo e/o di una personalità eccessiva. In Italia vedasi il caso di Gianfranco Stevanin, conosciuto come il "Killer di Terrazzano";

2.5 - 4 comportamento irregolare. È caratterizzato soprattutto da un **bisogno immotivato e cronico di mentire, ipocondria e comportamento camaleontico**, utilizzato per mascherare la devianza sociale. Da bambini, molti assassini seriali iniziano a mentire in maniera compulsiva, perché questa attività dà loro una forte eccitazione ed una sensazione di potere;

2.6 - 5 problemi con le autorità e di autocontrollo.

Spesso, **il bambino soffre quando i genitori lo affidano ad altri parenti o ad estranei e quando**

maestri di scuola cambiano troppo frequentemente. Sono bambini incapaci di tollerare le restrizioni e che reagiscono in maniera estrema alla minima frustrazione;

2.7 - 6 visione precoce di materiale

pornografico. Molte volte, gli assassini seriali

iniziano a masturbarsi da bambini oppure manifestano dimostrazioni di sessualità violenta e abusiva nei confronti di altri. Anche l'utilizzo di materiale pornografico inizia in età precoce. In particolare, gli assassini seriali fanno un abbondante uso di pornografia, anche se non è possibile stabilire una correlazione diretta fra i due comportamenti.

2.8 - 7 attività sessuale precoce e bizzarra. Da

bambini, gli assassini seriali spesso sono costretti

loro malgrado ad avere **precoci esperienze sessuali**, in quanto sono vittime di violenze sia intra che extra familiari. Ciò li porta ad una forma di attrazione-repulsione per il sesso, che inizia a diventare un pensiero ossessivo nella loro mente;

2.9 - 8 ossessione per il fuoco, il sangue e la morte.

Spesso, i serial killer da bambini sono **ossessionati da fantasie distruttive** che sfociano, a volte, in veri **incendi dolosi** che vanno oltre i normali giochi con i fiammiferi fatti da tutti i bambini. Per il serial killer bambino o adolescente, appiccare un incendio soddisfa due pulsioni molto forti: la prima è quella distruttiva, comune a tutti i bambini, la seconda è quella sessuale. Quando questo tipo di comportamento insorge durante l'infanzia, significa che il soggetto si sente profondamente inadeguato, perciò si ribella distruggendo oggetti. Per il serial killer adolescente, la **piromania è un mezzo per scaricare le proprie tensioni sessuali.** Gli assassini seriali, inoltre, durante il loro periodo evolutivo, mostrano una particolare attenzione nei confronti del sangue. Per alcuni di loro, ciò è legato ad un vero bisogno fisico di avere un contatto col sangue. Un'altra ossessione riscontrata di frequente nel periodo evolutivo di molti assassini seriali è quella per la morte. Questi soggetti, invece di provare una naturale repulsione nei confronti di tutto ciò che è collegato alla morte, ne sono come affascinati, cosicché certi autori parlano di "necromania";

2.10 - 9 crudeltà verso gli animali e/o altre persone. Gli esperti che studiano il fenomeno consigliano di non sottovalutare mai **i giochi violenti dei bambini nei confronti degli animali,** perché questi comportamenti possono essere segnali di disagio che può preannunciare lo sviluppo di una personalità violenta;

2-11 - 10 furto e accaparramento. Vengono considerati sintomi del **vuoto emozionale del bambino.**

Spesso il furto è la prima tappa della carriera criminale dell'assassino seriale. Questo comportamento può comparire in età molto precoce per sfociare poi col tempo in vere rapine a mano armata. A volte, il furto è collegato a deviazioni della sfera sessuale come il voyeurismo e il feticismo;

2-12 - 11 comportamento autodistruttivo. La *"sindrome di automutilazione"* può durare per decenni nei quali l'automutilazione si alterna a momenti di calma assoluta ed a comportamenti impulsivi, come i disordini alimentari, l'abuso di alcol e di altre sostanze e la cleptomania. Nel campione dell'F.B.I., il 19% disse di aver praticato degli atti di automutilazione durante l'infanzia;

2.13 - 12 precoce abuso di stupefacenti. È un modo di **evasione psichica dalla realtà** o di emulazione del comportamento genitoriale ed è

molto frequente tra gli assassini seriali. Il più delle volte, sono gli stessi genitori, e in particolare il padre, a fornire il modello al figlio. Soprattutto quegli assassini che iniziano a uccidere quando sono ancora adolescenti fanno un uso frequente di queste sostanze, per darsi coraggio e sembrare dei "veri uomini".

PARTE TERZA

La Grafologia criminalistica

Quando la grafologia incontra la criminologia dà vita ad una nuova area della disciplina combinata da queste due scienze che operano in due ambiti diversi ma complementari: la grafologia criminalistica.

Il professionista che è sia criminologo che grafologo associa nella stessa persona i due ambiti potendo operare in tale materia singolarmente.

La grafologia criminalistica è essenzialmente l'applicazione degli strumenti esplorativi e conoscitivi della grafologia nell'ambito criminologico.

In un articolo avevo specificato cosa significa tracciare il profiling di una persona sia per quanto riguarda l'aspetto criminologico che l'applicazione ed utilizzo in altri diversi campi d'intervento come la conoscenza personale di se stessi o di altri, vedi ad esempio nel caso degli scritti anonimi , che nella conoscenza personale applicata all'ambiente professionale, di gestione del personale, famigliare e relazionale, per la coppia come per il singolo all'interno di una rete sociale o culturale.

3.1 Il criminologo è essenzialmente l'esperto che studia **l'azione criminale**, la scena del crimine ma anche le possibili situazioni a rischio, le persone che potrebbero ricoprire il ruolo di criminale, aggressore, assassino e le possibili vittime di reati a sfondo aggressivo o sessuale.

La sua funzione dunque non si limita a valutare il fatto compiuto per indagarne la responsabilità ma anche in fase preventiva valutando situazioni o persone da monitorare in quanto socialmente pericolose, asociali o disadattate con comportamenti aggressivi.

L'ipotesi in cui il criminologo andrebbe interpellato già ai primi segnali di disagio personale, disturbo e molestia sono tutte le situazioni in cui si realizza e si attua il reato di Stalking o altri reati che presuppongono forme di abuso e violenza sulle donne, sui bambini ed in genere sulle persone che sono in difficoltà o non sono in grado di reagire, per malattia, anzianità o altre condizioni psicofisiche.

3.2   Nella maggioranza dei casi di **reati passionali gravi,** come l'omicidio, la violenza, lo stalking, le molestie ripetute e reiterate nascono da

condizioni ambientali predisponenti, fattori scatenanti o situazioni personali di disagio che dentro di sé hanno già il seme della violenza, sono pertanto considerate condizioni a rischio e da monitorare.

Prevedere le circostanze lesive e traumatiche consentirebbe di evitare di avere la commissione dei reati passionali o comunque criminali che hanno un tasso di prevedibilità, rilevabilità e delimitazione o riduzione di essi.

Nel caso vi siano degli scritti l'ausilio di un grafologo permette la valutazione della personalità dello scrivente e l'eventuale verifica di condizioni critiche nella scrittura quali aggressività, accompagnata da scarso controllo, incapacità a gestire gli scoppi di rabbia e nervosismo.

3.3   Esame della Scena del Crimine

L'esame della scena del crimine deve tener conto di istanze tra loro contrastanti: le strategieinvestigative dell'accusa, le necessità della difesa, la tensione verso un risultato affidabile in considerazione dell'attitudine delle 'investigazioni scientifiche' a divenire vera e propria prova. Il dato normativo vigente, alquanto carente e talvolta oscuro, incoraggia l'attività di supplenza della giurisprudenza che, lungi dal fornire soluzioni stabili e chiare, genera situazioni di incertezza e frequenti disparità di trattamento. Si impone, pertanto, una maggiore attenzione da parte dei *conditores*, tradizionalmente poco interessati alle dinamiche di tali attività e delle loro implicazioni tecnico-giuridiche, come confermano le timide prospettive di riforma desumibili dalle iniziative legislative intraprese in questi ultimi anni. Occorrerebbe, viceversa, rapportarsi alle esperienze di altri ordinamenti e alle iniziative avviate a livello europeo dagli esperti del settore per trarne preziosi spunti, al fine di risolvere i nodi interpretativi e le difficoltà applicative che l'azione degli investigatori sulla scena del crimine propone ricorrendo a un'opera di normazione di profili scottanti quali quelli dei protocolli da adottare, anche in relazione alle specificità degli strumenti tecnico-scientifici adoperati, della professionalità degli esperti e dei criteri per certificarne le competenze, della catena di custodia dei reperti, del riconoscimento di garanzie difensive compatibili con l'efficienza della fase investigativa, dell'utilizzabilità in sede processuale - e comunque a fini decisori - del materiale cognitivo così formato. *"Se conosci il nemico e te stesso, la tua vittoria è sicura. Se conosci te stesso ma non il nemico, le tue probabilità di vincere e perdere sono uguali. Se non conosci il nemico e nemmeno te stesso, soccomberai in ogni battaglia." Sun Tzu*, "L'arte della guerra"

Quando ci si trova ad investigare su un caso di omicidio, per scoprire il colpevole è necessario disporre di almeno uno dei seguenti elementi:

1. una confessione (spontanea);

2. un testimone (diretto/de relato);

3. una prova materiale (a seconda delle categorie codicistiche e non);

Per individuare testimoni e prove, gli investigatori seguono un percorso che comprende lo studio delle caratteristiche della vittima e l'analisi della scena del crimine. Bisogna prestare particolare attenzione allo studio delle vittime, che forniscono sempre numerose informazioni utili per comprendere la psicologia dell'assassino. Bisogna solo sapere dove guardare. La maggioranza degli omicidi viene commessa a causa di un movente che possiamo definire "banale" (gelosia, vendetta, interesse economico). In questi casi il movente salta "subito all'occhio" dell'investigatore e lo orienta nelle indagini verso un sospettato che ha un qualche tipo di relazione con la vittima. Invece in un caso di omicidio seriale, ci troviamo di fronte ad un tipo di motivazione interna al soggetto che uccide, un piacere psicologico che non si traduce in tracce materiali evidenti da "repertare" sulla scena del crimine. In questo caso si deve affrontare un tipo di investigazione che presenta delle specifiche problematiche e nella quale è necessario l'impiego di tecniche di investigazione particolari (vedi dispensa sulla Profilazione Criminale). Onde vagliare le indagini verso la giusta direzione, occorre procedere ad un'attenta analisi della scena del crimine attraverso il c.d. sopralluogo. In questa attività potrà essere utile disporre di tecniche di riproduzione fotografica mediante supporti analogici o digitali, per documentare dettagliatamente ogni particolare della scena del crimine. In Italia, ad esempio, questa viene analizzata e studiata mediante l'impiego di "sistemi esperti" quali il "Sistema

Automatico per i Rilievi Tecnici" (SART) o ricorrendo alle tecniche stereoscopiche della fotogrammetria, memorizzando poi l'intera documentazione multimediale nel Sistema Centrale Informativo della Polizia Scientifica, che permette l'archiviazione digitale delle immagini ed un confronto delle stesse in funzione di alcune chiavi primarie di ricerca. Altre tecniche di investigazione indispensabili per risolvere casi di questo tipo sono il "profilo psicologico" ed il "profilo geografico" di cui parleremo in un corso progredito.

L'investigatore può introdurre tante mosse quante gliene suggeriscono la fantasia, la capacità professionale e l'esperienza. Di fondamentale importanza si rivelerà per l'investigatore la scelta dei tempi per ciascuna fase strategica. Il buon investigatore dovrà porre attenzione anche sull'analisi delle notizie, sull'importanza degli archivi, sulle fonti di informazione "aperte" e su quelle riservate, su informazione e controinformazione, su blog ed Internet.

Pur senza generalizzare, anche come sostiene il noto criminologo Dott. Marco Cannabici, possiamo dire che: "l'investigazione sugli omicidi mette in difficoltà le forze di polizia italiane al punto che alcuni criminologi sostengono che in Italia l'omicidio "paga", nel senso che sette volte su dieci l'autore non viene identificato dagli investigatori". Statistica a parte questo dato viene poi drammaticamente confermato annualmente, ad ogni apertura dell'Anno Giudiziario, confrontando il dato totale degli omicidi con quello in cui l'autore viene identificato (8 reati gravi su 10 rimango senza colpevole, dati ISTAT 2015). Dando uno sguardo invece agli omicidi seriali, le forze di polizia italiane si sono dimostrate particolarmente abili ed efficaci nell'identificare i vari serial killers che finora si sono presentati alla ribalta della cronaca (Chiatti, Bilancia, Stevanin, Bergamo, Profeta). Nella ripetizione seriale dell'omicidio l'autore commette comunque (consapevolmente?) degli errori che conducono prima o poi gli investigatori alla sua identificazione. I problemi emergono quindi non con gli autori seriali bensì con i casi isolati, cioè con gli assassini di un solo delitto. Per ricostruire il delitto dalla sua progettazione fino all'uscita dell'autore dalla scena del crimine è fondamentale partire dai dati che possono essere raccolti effettuando il sopralluogo sulla scena del crimine. Scena che deve essere mantenuta "congelata" il più a lungo possibile ed "asettica" rispetto alle contaminazioni dei vari visitatori (poliziotti, tecnici, giornalisti). Dalla scena del crimine è necessario raccogliere tutte le evidenze biologiche appartenenti sia alla vittima che all'aggressore, identificandole anche con l'ausilio dei raggi ultravioletti e dei dispositivi simili utilizzati dalla polizia scientifica. È

necessario collegare poi queste informazioni con quelle raccolte delle eventuali testimonianze, nonché con i dati rilevabili dall'autopsia. Dal riscontro dell'autopsia il medico legale potrà chiarire il tipo, la sequenza e la natura delle lesioni che sono state inferte alla vittima e quindi stabilire la causa e le modalità della morte. Il medico legale potrà stabilire un elemento fondamentale: se la morte sia stata un evento accidentale oppure se è stato un evento voluto, desiderato ed in che modo è stato realizzato. In base a tutte le risultanze sul sopralluogo ed alle altre evidenze autoptiche è possibile quindi poter ricostruire l'interazione tra l'autore e la vittima, sulla scena del crimine, e quindi la dinamica dell'omicidio. Una volta riconosciuta la dinamica di ciò che verosimilmente sia accaduto sulla scena del crimine è possibile effettuare l'identificazione del possibile movente. Se identificare il movente non è possibile è importante quindi stabilire che l'omicidio risulta privo di un apparente movente ed innescare il percorso investigativo dell'omicidio su base psicopatologica (il più delle volte di pertinenza di un serial killer).

L'autore "vede" tutta la scena più e più volte nella sua mente, come in un film, ed associa a queste fantasie dei pensieri e delle emozioni immaginandola più e più volte la vede perfetta, appagante, gratificante, desiderabile. Alla fine, vede il delitto come un atto inevitabile, necessario, indifferibile.

Saranno le gratificazioni di questi pensieri ed il piacere di queste emozioni ad obbligarlo a proseguire nella ideazione e nella progettazione del delitto fino alla sua realizzazione. Avendo visto e rivisto la scena più volte nella sua mente, al momento del delitto l'autore non improvvisa, ma mette in atto una sequenza di atti "già vissuti" e questo lo fa apparire ancora più brutale, determinato, cattivo, insomma il "mostro" che poi comparirà sui giornali.

Dopo aver ricostruito la maturazione del progetto omicida nella mente dell'autore, in stato di lucidità o di follia, per l'investigatore si pone il problema di ricostruire le modalità della messa in atto e dell'esecuzione pratica dell'omicidio (cioè il modus operandi dell'azione delittuosa). Poter stabilire il punto di ingresso dell'autore sulla scena del crimine e valutarne le difficoltà che questi ha incontrato aiuta a poter dedurre le astuzie e le potenzialità operative dell'autore. È importante poter ricostruire lo stato della scena del delitto al momento in cui questo è stato commesso ed effettuare il sopralluogo nello stesso orario in cui ha agito l'assassino. È importante poter valutare della scena del crimine la luminosità, la luce presente, i rumori di quel momento e la situazione ambientale legata al transito delle persone. Dalla dinamica dell'interazione fra l'autore e la vittima si può ricostruire il modo di approccio alla vittima, le modalità di attacco e di controllo. Poter ricostruire il modo di controllo della

vittima aiuta moltissimo nel definire non solo le potenzialità operative dell'autore, ma anche le sue esperienze con il delitto, con dei precedenti delitti, con la conoscenza delle leggi e del mondo giudiziario.

3.4 TRACCE BIOLOGICHE MICROSCOPICHE

La diagnosi generica rappresenta il primo passo, obbligatorio ed indifferibile, dell'indagine del DNA

- Laboratorio medico-legale.

In tale sede si accerta, tra l'altro, se una macchia rossastra sia di natura ematica (è sangue?), se una giallastra sia costituita da saliva, sperma o urina, se Nucleo Cromosoma una fibra sia naturale, un frammento di vestito o capello?) oppure artificiale.

Per detti accertamenti vengono effettuate prove: dapprima orientative o preliminari e, successivamente, prove di certezza scientifica. I test orientativi sono utilizzati come "screening" preliminari, essendo assai sensibili (si effettuano con quantità di materiale veramente esigue), ma non altrettanto specifici. E 'pertanto necessario effettuare anche successive prove. La conferma della presenza di sangue, sperma, saliva, liquidi vaginali, così come i test che vengono somministrati per la diagnosi di specie, quando possibili, si ottiene con tecniche che danno la certezza della natura e del genus di appartenenza del reperto, ma hanno lo svantaggio di richiedere una discreta quantità di materiale, cosa che, talvolta, può compromettere le successive indagini di tipo identificativo estremamente più sensibili.

3.4 - In linea generale. vi sono quattro metodi per determinare la presenza di sangue o di sperma:

- il metodo visivo

- il metodo fisico

- il metodo microscopico - il metodo chimico.

Ciascuno di questi, a parte il metodo visivo, può dare risultati di orientamento o di certezza scientifica.

Il metodo visivo, di immediata e diretta realizzazione, rappresenta la fase preliminare che, ancora oggi, consente di orientare la ricerca di tracce da sottoporre ai successivi test di laboratorio. Non va mai dimenticato che le macchie di sangue possono assumere

diverse scale di colore che vanno dal rosso al marrone, al verde scuro.

Quelle di sperma dal bianco al grigiastro, al giallastro, con bordi caratteristicamente "a mappa geografica", mentre quelle di saliva o di sudore possono essere del tutto invisibili macroscopicamente. Le aree sospette dovranno pertanto sempre essere sottoposte a test di laboratorio.

Le tracce di sperma, ma anche di saliva, sudore, urine ed altri liquidi biologici, sono visibili in luce ultravioletta o con l'impiego di sorgenti luminose a specifiche lunghezze d'onda, associate a lenti appropriate. Esse risultano di particolare utilità quando debbano essere esplorate vaste superfici, con il risultato di rendere visibile la macchia che appare luminescente. L'esame microscopico assume particolare rilievo nella ricerca di sperma, allorché si evidenziano le cellule spermatiche le cui caratteristiche sono del tutto peculiari. Nel caso vi sia il semplice sospetto che su un substrato (ad es. un indumento intimo) vi possa essere una traccia non visibile direttamente, è possibile ricorrere a tecniche chimiche che permettono, in buona parte dei casi, di rilevarne la presenza. Tra i metodi chimici per la natura ematica vanno ricordate le prove basate sulle proprietà del pigmento ematico. Su di un principio analogo si basano i test che consentono di rilevare la presenza anche di minime quantità di sangue perché lavato o molto diluito (test catalitica del Luminal), estremamente sensibile, ma e non specifico e, soprattutto dai profili di ripetibilità dell'accertamento tutt'altro che scontati. La di colore che vanno dal rosso al marrone, al verde scuro.

Quelle di sperma dal bianco al grigiastro, al giallastro, con bordi caratteristicamente "a mappa geografica", mentre quelle di saliva o di sudore possono essere del tutto invisibili macroscopicamente. Le aree sospette dovranno pertanto sempre essere sottoposte a test di laboratorio.

Le tracce di sperma, ma anche di saliva, sudore, urine ed altri liquidi biologici, sono visibili in luce ultravioletta o con l'impiego di sorgenti luminose a specifiche lunghezze d'onda, associate a lenti appropriate. Esse risultano di particolare utilità quando debbano essere esplorate vaste superfici, con il risultato di rendere visibile la macchia che appare luminescente. L'esame microscopico assume particolare rilievo nella ricerca di sperma, allorché si evidenziano le cellule spermatiche le cui caratteristiche sono del tutto peculiari. Nel caso vi sia il semplice sospetto che su un substrato (ad es. un indumento intimo) vi possa essere una traccia non visibile direttamente, è possibile ricorrere a tecniche chimiche che permettono, in buona parte dei casi, di rilevarne la presenza. Tra i metodi chimici per la natura ematica vanno ricordate le prove basate sulle proprietà del pigmento ematico. Su di un principio analogo si basano i test che consentono di rilevare la presenza anche di minime quantità di sangue perché lavato o molto diluito (test catalitica del Luminal), estremamente

sensibile, ma e non specifico e, soprattutto dai profili di ripetibilità dell'accertamento tutt'altro che scontati. La diagnosi generica di saliva. invece. Viene realizzata attraverso la dimostrazione di amilasi nella traccia. L'amilasi è un enzima prodotto dalle cellule del pancreas che favorisce la digestione degli alimenti nell'organismo. L'amilasi, però, non è prodotta solo dal pancreas, ma anche dalle ghiandole salivari e, nelle donne, dalle tube di Faloppio.

Per la diagnosi di mine si ricorre alla dimostrazione, con opportuni reagenti, di apotriptofanasi o di triptofanasi o, più agevolmente, dimostrando l'elevata concentrazione di urea e creatinina.

Per la diagnosi di feci ed identificazione dei caratteri morfologici ed organolettici. è necessario ricorrere a test che evidenziano la presenza di urobilinogeno o di altri pigmenti fecali.

Fanno parte dei metodi chimici anche le prove microcristallografiche che determinano, mediante opportuni reagenti, la formazione di cristalli caratteristici sia nel caso della macchia di sangue (test di certezza per la diagnosi di sangue), sia in quella di sperma dove però non ne consentono la diagnosi di certezza che si ottiene invece con l'osservazione diretta all'indagine microscopica.

Le prove cromatografiche su carta o su substrato sottile possono considerarsi attualmente il metodo di elezione per la diagnosi generica di sangue, anche su tracce minime. Per quanto riguarda le indagini su peli, esse risultano assai frequenti, data la facilità con cui tale reperto può essere trasferito da un luogo all'altro per naturale caduta, per essere stato strappato o per essere rimasto adesso, ad esempio, ad indumenti. Le indagini su peli, comunque, presentano problemi analoghi a quelli relativi a qualunque altra traccia: può cioè richiedersi una diagnosi generica, specifica, individuale, regionale. La diagnosi generica viene eseguita mediante osservazione al microscopio ottico per rilevare le caratteristiche fondamentali della struttura pilifera, ossia la presenza di una radice, di un fusto e di un'estremità. Spesso la scarsa quantità di materiale biologico a disposizione impone scelte complesse che possono comportare il sacrificio dell'importante step preliminare della diagnosi generica a favore della diagnosi genetica individuale, cosa che realizza l'apparente paradosso scientifico in base al quale è possibile identificare con certezza un soggetto quale "donatore" di una traccia senza che sia stato possibile stabilire l'esatta natura del materiale biologico di partenza. Una volta identificata la natura di una macchia è necessario determinare se sia di natura umana o animale (diagnosi cosiddetta specie-specifica). Qualora le dimensioni della traccia lo consentano. le tecniche ancor oggi più utilizzate per la diagnosi di specie sono di tig immunologico (immunodiffusione) che consentono di

cimentare un estratto dalla traccia in esame con diversi sieri contenenti anticorpi antiuomo, anti-cavallo, cane, gatto, ecc. e di osservare la formazione di una banda di precipitato in corrispondenza dell'antisiero specifico. In alternativa vengono anche comunemente utilizzate metodiche che impiegano anticorpi monoclonali antiuomo, cane, gatto, ecc. con tecniche ELISA.

3.5 Il **metodo ELISA** diretto è il metodo più utilizzato per la determinazione di antigeni. Questo test prevede:

- Adesione. Sul fondo del pozzetto della piastra, di un anticorpo primario che sarà specifico per l'antigene che si vuole ricercare.

- Lavaggio. Per eliminare gli anticorpi che non si sono legati alla piastra.

- Si aggiunge, all'interno del pozzetto, il siero che dovrebbe contenere l'antigene. Se l'antigene e presente, questo si legherà con l'anticorpo primario legato sul fondo della piastra.

- Lavaggio. Per eliminare il siero.

- Aggiunta di una soluzione contenente un anticorpo secondario che porta legato un enzima.

L'anticorpo secondario si legherà all'antigene (se questo è presente).

- Lavaggio. Per eliminare l'anticorpo secondario che non ha legato l'antigene.

- Aggiunta di un substrato specifico per l'enzima legato all'anticorpo secondario. Se l'enzima è presente (e quindi è presente l'anticorpo secondario e quindi se è presente l'antigene) questo convertirà il substrato in un composto colorato. La diagnosi di specie su formazioni pilifere è generalmente eseguita mediante esame microscopico. Infatti, la cuticola, ossia lo strato esterno della formazione pilifera, la sostanza corticale,

70

contenente i granuli di pigmento, e la midollare, ossia la porzione centrale che può essere presente, assente o a zolle, hanno caratteristiche peculiari che consentono facilmente la diagnosi di specie umana o animale.

3.6 - Tecniche genetiche più sofisticate, che prevedono l'esame del DNA mitocondriale, realizzabile anche su peli/capelli, sono estremamente sensibili e specifiche ma hanno lo svantaggio della (e quindi l'elevato costo), e sono il più delle volte impiegate non da medici legali ma da zoologi. La questione della provenienza da un certo distretto corporeo (diagnosi regionale) di una traccia riguarda le formazioni pilifere e le tracce di sangue, dal momento che la diagnosi generica, per altri materiali biologici, immediatamente ne identifica l'origine.

La diagnosi regionale morfologica (macro/microscopica) di capelli, peli ascellari, peli del pube, ecc., poggiando unicamente sui dati dimensionali (lunghezza, spessore) e sulla forma della sezione (rotonda od ovalare), è ben lontana dal fornire elementi di certezza. Per esprimere valutazioni generali in merito all'origine di una macchia di sangue valgono criteri vari:

si tiene cioè conto delle risultanze dell'esame somatico dell'individuo dal quale si afferma provenire il sangue, dei caratteri di sede, di ampiezza, di forma, ecc. delle macchie, infine dell'esame microscopico del materiale costitutivo di esse. Evidentemente per avere una emottisi occorrono lesioni dell'apparato respiratorio; per avere una emorragia emorroidaria occorre l'esistenza di emorroidi; una donna che abbia sorpassato la menopausa non potrà attribuire le macchie ad una propria mestruazione, ecc. Anche la sede della distribuzione delle macchie di sangue, specie sugli indumenti, come pure sulla biancheria da letto, e altrove, possono costituire elementi significativi. Metodi più recenti prevedono la valutazione dell'espressione genica tessuto-specifica analizzando l'acido ribonucleico (RNA), che presenta caratteristiche uniche per quel determinato tessuto o tipo cellulare. Un limite di tale analisi risiede nella complessiva minore resistenza del RNA alla degradazione rispetto al DNA: per questo motivo su materiali biologici particolarmente scarsi e/o degradati tale approccio rischia di non consentire alcun risultato. Profilo del DNA (chiamato anche DNA *finger printing*, il test del DNA, o la tipizzazione del DNA) è una tecnica forense utilizzata per identificare gli individui con caratteristiche del loro DNA. Un profilo del DNA è un agglomerato di variazioni del DNA che è molto probabile che sia diverso in tutti gli individui non imparentati, essendo quindi come unica per gli individui come lo sono le impronte digitali (da cui il nome alternativo per la tecnica). Profilo del DNA non deve essere confuso con il sequenziamento completo del genoma. In primis sviluppato e utilizzato nel 1985, il profilo del DNA viene utilizzato, ad esempio, test di parentela e indagini penali, per identificare una persona

o di mettere una persona in una scena del crimine, le tecniche che sono ora impiegati a livello globale in scienze forensi per facilitare il lavoro investigativo della polizia e aiutare a chiarire paternità e immigrazione controversie. Sebbene il 99,9% delle sequenze di DNA umano sono la stessa in ogni persona, abbastanza del DNA è diverso che è possibile distinguere un individuo dall'altro, a meno che siano monozigoti "identico") gemelli. Il moderno processo di profili di DNA è stato sviluppato nel 1988. Estrazione forense del DNA per poter essere analizzato deve essere estratto dalla traccia o dal campione di riferimento e purificato dalle proteine e dalle sostanze che, eventualmente, fossero presenti sulla traccia (ad es. polvere, terriccio, fibre di indumenti, ecc.). La fase della determinazione della quantità e qualità del DNA estratto è necessaria per poter aggiustare la quantità necessaria alle fasi successive, oggi condotte pressoché unicamente mediante la tecnica della reazione di polimerizzazione a catena (PCR).

Il confronto di assetti genetici. Lo studio dei polimorfismi del DNA in ambito forense si realizza mediante confronto di assetti genetici.

Ad esempio, possono essere posti a confronto il profilo del DNA estratto dalla traccia ematica presente sui pantaloni dell'indagato con quello estratto dal sangue della vittima, oppure il profilo del DNA estratto dal liquido seminale prelevato alla vittima di violenza sessuale con quello di un'eventuale persona indagata. Il risultato che ne deriva può essere di completa difformità tra due assetti genetici, oppure di compatibilità, ma non già di identità. Il quesito che viene di regola posta al genetista forense è se un certo individuo può essere escluso come colui che ha lasciato la traccia sulla scena del delitto. Mentre, come detto, la risposta alla prima parte della domanda può essere assai rapida, per via della completa incompatibilità tra due profili genetici, non altrettanto semplice è la risposta alla seconda. E, su questo aspetto, i casi di cronaca giudiziaria hanno speso molte parole. Una risposta a questa domanda, infatti, passa attraverso una valutazione della frequenza nella popolazione di riferimento (italiana, olandese, inglese, ecc.) del fenotipo (genotipo), ricavato dall'esame di ciascun sistema che porta ad un valore cumulativo di frequenza, che a sua volta rivela la maggiore o minore rarità del profilo. Il

reciproco di tale valore di frequenza rappresenta il numero dei soggetti nella popolazione di riferimento che condividano casualmente lo stesso profilo genetico. Valori un tempo di 1 su 10.000. 1 su 100.000 stanno rapidamente lasciando il posto a Valori estremamente più significativi di 1 su svariati miliardi o più. grazie alla possibilità di utilizzare sistemi genetici sempre più informativi, ovvero con frequenze cumulative assai basse.

Nell'esecuzione delle indagini, pertanto, risultano di fondamentale importanza i sistemi genetici impiegati, ovvero quelli con maggiore capacità discriminativa rispetto ad altri. Il test del DNA, da diversi anni a questa parte, ha dato prova di essere completamente affidabile ed utilizzabile anche nelle delicate indagini in ambito forense purché vengano rispettati i relativi standards di qualità attraverso le linee-guida e le direttive che a vari livelli vengono emanate dalle comunità scientifiche internazionali e nazionali. L'obiettivo della massima affidabilità, poi, è realizzato sia attraverso una specifica preparazione di coloro i quali vi operano (responsabili dei laboratori, tecnici, ecc.), sia mediante strutture e macchinari adeguati, sia mediante l'utilizzo di tecniche operative che abbiano superato il vaglio della comunità scientifica internazionale: i sistemi genetici utilizzati, infatti, devono dare prova di essere sufficientemente robusti nell'uso su traccia, informativi, trasmissibili secondo le regole della segregazione mendeliana (relativamente all'uso nelle indagini di paternità) ed essere accompagnati da un adeguato corredo di dati sulle frequenze nella popolazione.

PARTE QUARTA

Capitolo 4

ELEMENTI DI ARCHEOLOGIA FORENSE

In poco più di cento anni la figura *dell'archeologo* è cambiata radicalmente, specializzandosi sempre di più ed appropriandosi di tecniche ed applicazioni pertinenti a molteplici discipline scientifiche, asservendole alle proprie esigenze. L'acquisizione delle nuove tecniche scientifiche applicate all'archeologia ha consentito all'archeologo di impiegarsi anche in ambito forense, mettendo a disposizione degli inquirenti la propria specializzazione sia in contesti relativi alle scene del crimine, che a quelli relativi ad altre aree come gli incidenti di massa (dovuti per esempio ad incidenti aerei) e le sepolture di massa. Il primo stato ad impiegare gli archeologi per la ricerca di resti umani fu il Regno Unito: nel 1988 il rinvenimento del cadavere di un minore,

4.1 - Stephen Jennings, da parte di un'equipe di archeologi forensi, segnò infatti l'inizio di una fitta collaborazione fra autorità inquirenti ed archeologi forensi negli scenari di occultamento cadaverico. In Italia l'archeologia forense arriva con la nascita del **LABANOF (Laboratorio di Antropologia e Odontologia Forense)** che a metà degli anni Novanta riconosce i vantaggi che scaturiscono nelle indagini forensi dall'impiego di ricerche e scavi di carattere archeologico condotti da una squadra di esperti forensi *(medici Legali, Antropologi, Biologi, Unità Cinofile Per il recupero dei resti umani, Biologi, Dentisti Forensi ecc.).* **L'archeologia forense** è oggi chiamata ad intervenire per rispondere a quesiti relativi agli occultamenti di cadavere, di armi, di droga, di refurtiva, etc. ed all'identificazione ed eventuale scavo in caso di sepolture belliche di massa.

John Hunter è il primo autore che in *"Forensic Archaeology: Advances in Theory and Practice"*, nel 2001, pubblica i quesiti ai quali la competenza dell'archeologo forense può dar risposte. In Italia è

richiesta la presenza dell'archeologo forense generalmente in due casi:

- scavo di una sepoltura clandestina rinvenuta in modo fortuito;
- ricerca mirata, in seguito ad indagini di polizia giudiziaria,

con, in caso di rinvenimento, scavo di una sepoltura. Quando vengono trovati resti umani *(sepoltura "clandestina")* è obbligatoria la presenza in loco anche del medico legale e, in caso di rinvenimenti di resti scheletrici, dell'antropologo forense.

4.2   L'archeologo dovrà, quindi, interrompere tutte le operazioni di scavo fino all'arrivo di questi ultimi con i quali dovrà **lavorare in equipe sotto la direzione di un Pubblico Ministero**. In presenza dell'occultamento di un cadavere sotterrato subito dopo il decesso, scavando archeologicamente, potranno essere eseguite una serie di indagini per stabilire il periodo e la stagione alla quale risale la tomba clandestina. Le scienze stratigrafiche, infatti, nelle quali gli archeologi sono esperti, potranno fornire indicazioni sul *terminus ante quem* analizzando gli strati che coprono la fossa, e *sul terminus post quem* analizzando la stratigrafia tagliata dalla tomba clandestina e il materiale al suo interno. Nel caso di rinvenimenti fortuiti superficiali, infatti, **non è sempre ovvio** che si tratti di un cadavere sepolto all'interno di una fossa. Ecco perché è necessario interpellare un *archeologo forense*, affinché la sua corretta lettura della sequenza stratigrafica del terreno possa stabilire se ci si trovi in presenza di una vecchia tomba, di un cadavere occultato, o di altro.

4.3 - **La preservazione dell'integrità della sepoltura** compiuta dall'antropologo forense (specializzato nella preservazione dei reperti) permetterà al medico legale e all'antropologo di compiere un esame dettagliato della salma sul luogo stesso del ritrovamento, nella consapevolezza assoluta che la configurazione originaria della vittima non sia stata compromessa dallo scavo effettuato. In conclusione, **il rapporto tra scienza e legge è una cosa affascinante** e allo stesso tempo insidiosa e complessa. Non si tratta di questioni sterili e puramente teoriche ma di vicende che hanno una loro ripercussione pratica e che riguardano la vita di tante persone. Basti pensare alle decisioni che un magistrato prende sulla base delle cosiddette *"prove scientifiche"*. Le scienze forensi non sono altro che l'insieme di un ampio spettro di discipline scientifiche applicate al campo della legge e del diritto. Il termine "scienze forensi" è così vasto, infatti, da comprendere un numero infinito di discipline scientifiche. Ma è nei metodi e negli obiettivi che scienza e diritto differiscono in modo drammatico. La scienza mira a raggiungere la verità oggettiva, quella autentica. *La legge, invece, più prosaicamente, si accontenta della verità "processuale". Nei tribunali, infatti, un giudice o una giuria stabiliscono quale sia la "verità" laddove la verità sta in ciò che essi stessi deliberano, ossia la "verità processuale".* Nonostante questo, chi si occupa di scienze forensi sa che il lavoro in equipe, con altri esperti *(investigatori, magistrati, avvocati, ecc.)* è **imprescindibile per avvicinare la verità e servire la giustizia.**

PARTE QUINTA

LA BALISTICA

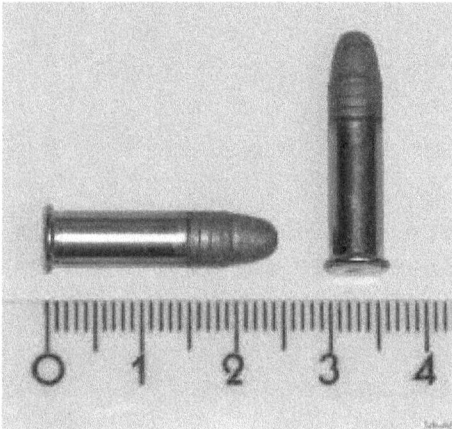

5.1 RESIDUI DELLO SPARO – STUB

PREMESSA

I residui dello sparo: **una scienza intrigante ed affascinante**, *altamente tecnologica ancora in piena evoluzione sia sulla interpretazione dei dati che sulla ricerca stessa.*

Nel mondo forense, ma soprattutto nell'universo scientifico, anche pochi anni possono portare grossi mutamenti. Due eventi importanti, in questo ambito, sono riportati brevemente qui di seguito.

Il 15 febbraio 2007 l'ASTM *(standard specification)* approvava una nuova release dello standard per i GSR denominata E 1588. Oltre a numerose altre modifiche rispetto alla precedente versione, una delle la novità più rilevanti è la declassificazione definitiva da **caratteristiche** a **compatibili.**

Ad ottobre dello stesso anno si teneva a Lione il 15th **International Forensic Science Symposium indetto dall'Interpool.** In tale congresso furono recepiti i criteri e le linee guida già fissati nel corso dell'FBI Symposium del 2005 e di alcuni altri lavori nel frattempo pubblicati da ricercatori del settore. Per gli addetti ai lavori ciò vuol dire che è avvenuto un importante cambiamento nella sostanza, nelle tecniche operative, nei protocolli ed infine nella valutazione dei risultati ottenuti.

5.2 GENERALITA'

Un importante elemento di validità probatoria ai fini dell'identificazione dell'autore di un reato ove sia stata utilizzata un'arma da fuoco, è la ricerca dei residui dello sparo.

L'interesse attribuito a questo mezzo di investigazioni riveste una notevole rilevanza tecnica in quanto la stessa scienza è reduce di tipologie di accertamenti in materia considerati insicuri, dubbiosi e litigiosi che non consentivano, appunto, di accertare in *"scienza e coscienza"* la presenza o meno di particelle derivanti dalla deflagrazione di munizionamento.

5.3 CENNI STORICI

L'illustro studioso Gonzales negli anni 30 fu il primo ad interessarsi e di istituire un metodo protocollare per identificare i residui dello sparo sulle mani dell'indiziato. Individuò un metodo che prevedeva la spalmatura di paraffina fusa, quindi molto calda, sulle mani degli indiziati. Il fatto che fosse molto calda in teoria avrebbe dovuto dilatare i pori dell'epidermide dell'indiziato e catturare le eventuali particelle presenti sulla mano, sia particelle combuste e sia non combuste. Il prodotto raffreddato finale, chiamato in gergo guanto di paraffina, veniva sottoposto ad una indagine chimica chiamata *Difenilammina*. **Il risultato finale di tale ricerca, nel caso di positività, era quella che i residui si coloravano di blu.** Venne dimostrato che questa colorazione veniva raggiunta, anche, con presenza di urina *(nitriti e nitrati)* e fertilizzanti, etc. In occasione delle indagini sull'omicidio del Presidente Kennedy negli USA vennero messe a punto metodiche intese ad accertare la presenza di residui metallici derivanti dalla detonazione della miscela innescante (*stifnato di piombo, biossido di bario, solfuro di antimonio, ecc.*). Si svilupparono così orientamenti tecnici di ricerca.

5.4 NOTIZIE TECNICHE

Durante lo "sparo" di un'arma da fuoco, la notevole pressione e temperatura dei gas di combustione all'interno della canna da un lato produce la fuoriuscita del proiettile dall'altro provoca reazioni chimico-fisiche su piccolissime particelle di polvere da sparo. Queste ultime vengono proiettate fuori dalla stessa arma ed investono le superfici circostanti sotto forma di aerosol. Nelle cartucce in genere, si ritrovano due tipi di polvere da sparo: la polvere d'innesco che trasforma l'energia meccanica di percussione in energia termo-chimica, che successivamente viene trasferita alla polvere di lancio: la polvere di lancio che realizza la propulsione del proiettile. Come componenti dell'innesco si è soliti ritrovare: bario, nitrato, piombo, calcio, silicio, l'antimonio, solfuro etc. Il materiale più comunemente utilizzato per la fabbricazione dei bossoli è l'ottone. L'ottone Cu-Zn 35, il numero indica la percentuale di zinco presente. Nella fabbricazione dei bossoli vengono, altresì, utilizzati alluminio, zinco, rame ed alcuni tipi di plastica. **Per quanto concerne i proiettili, essi possono essere costituiti soltanto da piombo, oppure avere la**

parte centrale (nucleo) in piombo ed un rivestimento esterno(mantello) in rame oppure antimonio o nichel. I residui dello sparo, pertanto, possono essere costituiti oltre che da elementi provenienti dagli inneschi anche da quelli che derivano dalla camiciatura del proiettile e dall'orlo del bossolo.

Quando avviene la deflagrazione all'interno della camera di scoppio di un'arma si succedono in pochissimi secondi tre fasi:

a) **una prima fase** (cosiddetta PIROSTATICA) caratterizzata dalla combustione della polvere di lancio a volume costante essendo il proiettile fermo. In questa fase la temperatura raggiunge i 2.000°C e la pressione i 1.400 psi. (pound square inch=libbra x pollice quadrato);

b) **una** **seconda** **fase** (cosiddetta PIRODINAMICA) caratterizzata dalla contemporaneità della combustione a volume costante e pressioni variabili. La temperatura e la pressione raggiungono i massimi livelli: circa
3.600°C e circa 40.000 psi.;

c)

una terza fase (cosiddetta di ESPANSIONE)

caratterizzata dall'espansione del gas e dal moto del proiettile. Le tre fasi successive si verificano quasi contestualmente alla detonazione dell'innesco.

Come si è già detto, gli elementi metallici come il piombo, l'antimonio ed il bario, che fanno parte della composizione chimica delle polveri da innesco, durante lo sparo, così come altri elementi metallici facenti parte della composizione chimica della polvere di lancio, del proiettile e del bossolo per effetto dell'elevata energia termica e meccanica e dell'alta pressione a cui sono sottoposti, subiscono un processo di fusione e successiva vaporizzazione ritrovandosi pertanto presenti insieme sotto forma di goccioline fuse *(aerosol)* che si raffreddano immediatamente venendo ad assumere spesso, ma non sempre, un caratteristico aspetto sferoidale, analogamente al fenomeno dei boli vulcanici, tanto da essere state chiamate FIREBALLS (palle di fuoco).

La forma e la composizione di tali residui, denominati GSR (Gun Shot Residue) o CDR (Catridge Discharge Residue) provenienti dalla polvere innescante durante lo sparo è tale da non lasciare adito ad alcun dubbio ai fini delle indagini. Infatti, non si conoscono allo stato attuale attività umane diverse dallo sparare che possano produrre particelle contenenti insieme piombo (Pb), bario (Ba) ed antimonio (Sb). Il loro diametro varia solitamente da 0,5 a 50 micron.

IMPORTANTI ELEMENTI per la individuazione, interpretazione e per le conclusioni, sono: *TEMPI DI PERSISTENZA*.

Per motivi di gravità, il numero di particelle presenti su di una determinata superficie è destinato a decrescere con il passare del tempo.

Parliamo di ore.

IL NUMERO DELLE PARTICELLE. È evidente che l'utilizzo delle svariate tipologie di armi influisce necessariamente sulla quantità di particelle presenti sulla persona indagata. (arma corta, arma lunga, etc.).

MORFOLOGIA E DATI METRICI. Molto influenti per le conclusioni risultano: la forma e il diametro. Per esempio, ritrovare una grossa particella dopo un lasso di tempo di molte ore è un evento negativo in quanto sono proprio le grandi particelle che a causa della forza di gravità sono le prime a cadere.

PISTOLA SEMIAUTOMATICA
9 mm PARABELLUM

5.6 LA BALISTICA.

Che dallo studio meccanico dell'arma individua la compatibilità tra numero, qualità ed ubicazione delle particelle presenti. I soccorritori e la Scena del Crimine

Definizione del contesto

I professionisti possono essere chiamati a rispondere ad

alcune problematiche riguardanti un crimine e di

conseguenza essere chiamati alla di una Scena del Crimine. Scopo primario dei soccorritori giunti su tale Scena è quello di salvare

 la vita del paziente. Ma nel caso di **evento delittuoso**, la priorità è altresì tutelare tutte le prove che possono presentarsi, **evitando la loro contaminazione.**

In una Scena del Crimine, di basilare importanza è il lavoro che viene svolto da coloro che per primi arrivano sulla scena e agiscono su di essa. Il successo di un'indagine **dipende dalle scelte e dalle attività attuate dagli agenti di primo intervento il cui compito primario è quello di isolare e proteggere la scena**, allo scopo di impedire la rimozione o la distruzione delle tracce. È doveroso considerare che l'aggressore ha lasciato tracce e reperti che non sempre sono visibili ad occhio nudo, per questo motivo, le azioni svolte da *Medici, Infermieri, Forze dell'Ordine, Vigili del Fuoco*, avranno come obiettivo primario la **non**

distruzione degli elementi e il **mantenimento della scena** nelle sue condizioni iniziali.

Per l'attività investigativa, c'è la possibilità di utilizzare nuovi strumenti, test chimici o biologici che permettono di rilevare tracce nascoste, tecniche analitiche per effettuare l'esame del DNA.

Quest'ultima è una tecnica rivoluzionaria che è in grado di permettere l'identificazione certa di un soggetto, partendo anche da tracce biologiche estremamente **limitate o degradate**. Tutte queste attività, per ottenere un valido il risultato, devono essere svolte isolando il più possibile la Scena del Crimine ed evitando il suo inquinamento.

Per la tutela dell'operatore sanitario che agisce in un evento delittuoso, la compilazione della scheda deve essere effettuata attentamente ed in **modo scrupoloso,** perché diventerà poi un documento importante, dalla quale attingere informazioni.

Contesto in cui si svolge la scena.

L'attività che dev'essere svolta dal personale di primo intervento è offrire assistenza alla **vittima, creare un sistema di accesso controllato alla scena, evitare di fumare, bere e mangiare nelle aree che risultano protette, vietare l'entrata sulla scena del crimine alle persone che non sono indispensabili per l'indagine, prendere nota di spostamenti e modifiche**

apportate alla scena.

Per i sanitari, tutelare una Scena del Crimine e non inquinarla, è una circostanza molto difficile; basti pensare a tutto il materiale che viene utilizzato per salvare la vita ad una persona: posizionare il corpo, togliere i vestiti, applicare le placche del defibrillatore in caso di arresto cardiaco, tutti elementi utili e necessari per svolgere il compito sanitario.

Per questo motivo è necessaria un'adeguata formazione del personale sanitario nell'avvenimento pratico, ma anche nella compilazione di un'apposita scheda che permetta

di non perdere elementi essenziali che possano poi tutelare in un futuro e che possa anche essere d'aiuto alle Forze dell'Ordine per la risoluzione del caso.

a) La Scena del Crimine

Totalità dei luoghi in cui si   è consumato un reato e nella quale è possibile **reperire le tracce utili** per la ricostruzione della scena.

La Scena del Crimine può essere definita come l'area che presenta la commissione di un reato, area che coinvolge prove fisiche come armi o sangue.

Possono essere definite:

• **Scena del Crimine primaria:** luogo od il locale dove è stato effettuato il fatto delittuoso e dove viene rinvenuta la vittima.

• **Scena del Crimine secondaria:** gli eventuali altri luoghi o locali in prossimità della scena primaria dove vi è un'alta probabilità che l'autore abbia compiuto delle azioni o sia transitato; • **Vittima:** la persona che ha subito l'aggressione, indipendentemente dalla gravità delle lesioni riportate.

La visione della scena, quello che viene definito *"primo impatto"*, dà la possibilità di crearsi un'impressione mentale dell'accaduto, che va ad influenzare la valutazione del sanitario.

1

Una corretta valutazione della scena, offre varie informazioni che possono risultare utili nella risoluzione del problema, tra questi il meccanismo della lesione e la situazione prima dell'evento.

c) **Il sopralluogo** Inteso come l'identificazione dell'ambiente, ricerca, conservazione delle fonti di prova. Il sopralluogo giudiziario è un complesso di attività a carattere scientifico che ha come fine la conservazione dello stato dei luoghi, l'assicurazione delle cose e delle tracce pertinenti al reato, utili per

d) l'identificazione del reo e/o della vittima, nonché per la compiuta ricostruzione della dinamica dell'evento e per l'accertamento delle circostanze in cui esso si è realizzato. Il sopralluogo è il luogo in cui si verifica il fenomeno oggetto di indagine, dove possono essere acquisiti elementi utili per la ricostruzione dell'avvenimento.

Ogni contatto, che sia con un soggetto o con degli oggetti, lascia una traccia; può esserci un trasferimento di tracce inconsapevole come capelli, fibre, liquidi biologici e impronte. Per questo la necessità di una Scena del Crimine senza contaminazione, perché così, si è in grado di individuare e raccogliere elementi su persone, oggetti e ambienti.

Una scena per essere isolata e protetta deve avere alle spalle il lavoro di personale qualificato e adeguatamente formato.

È indispensabile avere conoscenze sulla gestione di una Scena del Crimine, possono essere ad esempio l'individuazione, la classificazione, la repertazione e il confezionamento di reperti e tracce, in questo caso facendo riferimento al personale sanitario, il primo che arriva sul luogo della scena e coloro che devono agire per constatare il decesso o salvare la vita alla vittima. Le tracce si suddividono in:

• **primarie:** legate all'autore del crimine o alla vittima, come impronte digitali e plantari

• **secondarie:** quelle tracce che provengono dagli indumenti o dagli oggetti degli autori o delle vittime, come fibre, impronte di scarpa, mozziconi di sigaretta

• **terziarie:** intese come l'ambiente nella sua globalità

5.7 Una Scena del Crimine fredda: i "cold case" .

Entro nella stanza. Quella delle prove. Li chiamano "cold case" negli Stati Uniti. Qui in Italia si traduce: "casi freddi" si legge troppo spesso "misteri italiani". Non sembra affatto la stessa cosa, ma tanto vale. Impronte, DNA., testimonianze opache, negligenze investigative e tracce sparse ovunque. Ma senza un filo conduttore che conduca all'epilogo. Sono gli indizi che portano all'ultimo capitolo non ancora scritto sui delitti italiani irrisolti. Da Simonetta Cesaroni a Wilma Montesi. Sono diversi nomi delle

vittime senza assassino. Allora prendo gli scatolini, raccoglitori e molto altro. Insomma, tutto quello che posso, anzi che devo. Ritrovo carpette zeppe di relazioni, appunti, immagini e altri elementi di prova. Esco. Vado al mio ufficio.

In fretta. Subito. Senza esitare. Sino alla scrivania. È possibile che io rimanga sopraffatto da una

serie di emozioni che vadano dalla curiosità allo smarrimento. Dalla rabbia al puro e semplice

dolore. Dalla determinazione e speranza alla disperazione. Ma è necessario preparare il file per la indagine (re-indagine) di questi casi freddi.

Mi ci è voluto un po' prima di identificare il modo più efficace per preparare i casi irrisolti per il re-investigazione. Sparpaglio tutto. Raccoglitori, cartelle e buste di plastica numerate con le prove. E 'tutto intorno a me nella speranza (che temo essere vana) che una di loro mi parli e mi dica da dove cominciare. Sembra che tutte le prove

vogliano essere guardate per prime. Capita sempre.

Sono così sopraffatto che non so da dove cominciare. Questo accade a chiunque, non importa quanto tempo in passato si è dedicato alla risoluzione dei crimini, o quanto tempo si avrà a disposizione nel futuro. Dopo che ho trascorso il mio primo giorno a fissare le scatole ho sviluppato la mia routine per lavorare con i casi irrisolti. Ho deciso di iniziare mettendoli in ordine. Alcuni dei casi sui quali devo lavorare sono così vecchi che le etichette sulle scatole non sono più leggibili.

Così ho messo tutto in ordine dando ad ogni scatola, cassa, raccoglitore, borsa, busta, carpetta o cartella un numero temporaneo. Ho messo tutti questi numeri in una colonna di un foglio di calcolo.

Tutto ha due numeri per un po'. Ma aiuta enormemente. Questo è il modo di andare su ogni scatola, cassa, raccoglitore, borsa, busta, carpetta o cartella. Ho letto tutto e tutto ora ha un numero provvisorio. E quindi un ordine provvisorio. Il (gravoso) compito successivo è quello di mettere tutto in ordine cronologico. Controllo le date e metto tutto in una "linea del tempo". Mi assicuro di mantenere tutti i numeri provvisori nel caso in cui si commettesse un errore. Sulla linea del tempo.

La timeline dovrebbe essere la più dettagliata possibile. È necessario l'ordine cronologico per dare un senso al caso. Per valutare l'importanza delle piccole note, e pezzi di informazioni. Senza la timeline, ci troveremmo in un labirinto di documenti. Dopo questa operazione, che deve essere fatta con cura, è necessario salvare il file e fare copie di tutto. Non solo il file del computer. Soprattutto quello mentale. Quindi è necessario andare a farsi un caffè forte perché ora inizia la parte più difficile: giudicare la qualità del proprio lavoro! Andando oltre la timeline trovo lacune,

incoerenze, sovrapposizioni, e pezzi di informazioni che non è possibile inserire immediatamente.

Allora mi sembra di sbandare, penso che è ancora aperta la caccia al killer di Serena Mollicone, la vittima del cosiddetto: "Delitto di Arce". (Il corpo della 18enne, originaria di Isola Liri, fu ritrovato nel boschetto di Fonte cupa, aveva le mani ed i piedi legati e la testa coperta da un sacchetto di plastica. Mistero sul possibile testimone chiave della vicenda: pochi giorni prima di essere ascoltato dalla Procura, un brigadiere di 50 anni si suicidò. Secondo alcune ipotesi l'uomo sapeva che la ragazza si era presentata in caserma per denunciare un traffico di droga in cui erano coinvolti figli di personalità importanti. La busta di plastica con la quale hanno soffocato Serena sarebbe stata recentemente riesaminata).

E così torni al tuo lavoro. Evidenzi tutto. Torni al tuo ordine temporaneo. Rileggi le relazioni e le sintesi apportate per vedere se ti sei o se si sono dimenticati di aggiungere una data, un momento saliente. Poi è necessario aggiornare di nuovo tutto e passare allo step successivo. Un'incoerenza o un divario. Questo devi trovare. Fino a quando tutto ha un posto che abbia un senso. Un maledettissimo senso. Rileggi la timeline, la tuo linea del tempo, scopri che quello che la gente diceva semplicemente: non ha senso. Non ha senso. Per omissioni inconsapevoli. Per aver commesso degli errori, un brutto ricordo. Oppure, semplicemente, non hanno alcun senso per la distanza. Il tempo trascorso. Una linea del tempo mostra facilmente dove sono i buchi. Ed evidenzio anche quelli. Li evidenzio tutti. (Mi sembrano sempre troppi).

La parte evidenziata può essere qualcosa per cui si possono trovare le risposte. Ora, in modo più facile. Scavando di nuovo. Potrebbe anche essere che questo è un pezzo di informazione che dovrebbe essere gestita da un agente di polizia. Possono controllare se qualcuno ha commesso un errore nella data o l'ora durante un'intervista. Il prossimo lavoro che richiede tempo sta nel dividere la linea del tempo in quanto molte persone sono coinvolte nel caso. Ma ora la stanchezza ti attanaglia. E ti viene in mente il Cold Case più controverso e dibattuto dai media. Il delitto di via Poma. Hai ancora un flash back. Eri giovane. Un investigatore giovane e inesperto. ....(In un torrido agosto del 1990 a Roma, all'interno dell'ufficio dell'Associazione italiana alberghi della gioventù, venne trovato il cadavere nudo della ventenne Simonetta Cesaroni, trafitta probabilmente da 29 colpi di un tagliacarte. La sorella Paola, preoccupata perché Simonetta non rincasava, diede l'allarme assieme al fidanzato: sul posto arrivarono anche il datore di lavoro della vittima, Salvatore Volponi e il figlio). Ma la digressione dura poco. Torni al tuo lavoro. Questo significa individuare le linee sub-time per gli ultimi giorni/ore della vittima. Le persone con cui

Possono controllare se qualcuno ha commesso un errore nella data o l'ora durante un'intervista. Il prossimo lavoro che richiede tempo sta nel dividere la linea del tempo in quanto molte persone sono coinvolte nel caso. Ma ora la stanchezza ti attanaglia. E ti viene in mente il Cold Case più controverso e dibattuto dai media. Il delitto di via Poma. Hai ancora un flash back. Eri giovane. Un investigatore giovane e inesperto. ....(In un torrido agosto del 1990 a Roma, all'interno dell'ufficio dell'Associazione italiana alberghi della gioventù, venne trovato il cadavere nudo della ventenne Simonetta Cesaroni, trafitta probabilmente da 29 colpi di un tagliacarte. La sorella Paola, preoccupata perché Simonetta non rincasava, diede l'allarme assieme al fidanzato: sul posto arrivarono anche il datore di lavoro della vittima, Salvatore Volponi e il figlio). Ma la digressione dura poco. Torni al tuo lavoro. Questo significa individuare le linee sub-time per gli ultimi giorni/ore della vittima. Le persone con cui la vittima ha interagito. Con i possibili sospetti che la polizia ha sentito in quel tempo. Concludo la mia timeline così. Linea "master" per ogni indizio od elemento del caso e tutte le sub-time linee per ciascun giocatore coinvolto nell'indagine. Ogni linea sub-temporale deve essere controllata meticolosamente con le informazioni nelle caselle delle prove. Bisogna allora evidenziare le lacune nella attività, incoerenze o luoghi in cui l'informazione è mancante. Infine, faccio un elenco di tutti gli interrogativi sul caso (ad esempio lacune nella linea del tempo, i giorni mancanti, vuoti e stop nelle indagini, ecc.) ed incongruenze (ad esempio, che la testimonianza x riporta una macchina grigia, ma la vittima era certo che avesse una macchina rossa, ecc.). Tutti questi compiti sono estenuanti e richiedono tempo. Non a caso i cold case sono "casi freddi" (!). È un fatto triste ed assodato che in Italia i dipartimenti di polizia siano sottorganico, senza fondi ed oberati di lavoro.

È così nei casi ordinari. Nei casi di Cold Case un ulteriore controllo è un lusso che non molti reparti possono permettersi. Ok, scusate, spesso mi perdo in digressioni. Spesso mi porto il lavoro a casa.

È difficile che nell'orario di servizio mi permettano di trovare il tempo per questi passaggi preliminari. Mi porto il lavoro a casa. Forse l'ho già detto, ma è così. Il mio prossimo passo è fare un inventario separato dei fatti che si possono provare. Per questo è necessario il sommario di ogni singolo caso. Bisogna leggere e rileggere di nuovo riga per riga. Capire. Capire. Ponendosi mille e mille domande. Se è stato trovato bossolo, si può trovare l'arma nel fascicolo delle prove o no? Se c'è una pistola nelle caselle in evidenza sappiamo per certo che questo è l'arma del delitto? Vi era D.N.A. disponibile in quel momento ed in caso contrario, non vi è alcun materiale biologico che può essere testato in questo momento? Fare un inventario nel miglior modo possibile.

Ed iniziare da capo. Ripetere il procedimento.

Affinché una verità storica ed una verità scientifica stiano finalmente allo stesso passo.

PARTE SESTA
Capitolo 6

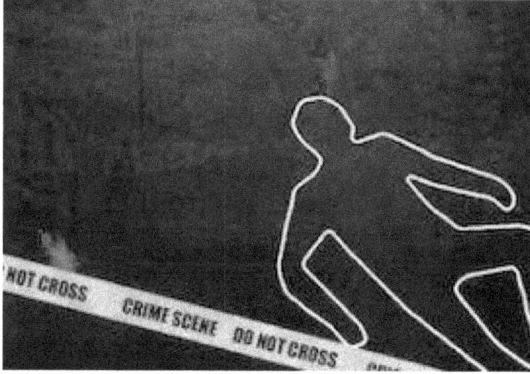

Criminologia ed elementi di criminalistica

Mentre lo scopo della prima (politica sociale), infatti, consiste nella prevenzione della criminalità, il secondo (diritto penale), definendo di fatto i singoli crimini e le risposte che a essi vanno date, diventa il mezzo di attuazione di tale politica.

Il diritto penitenziario è costituito dall'insieme delle disposizioni legislative che regolano la fase esecutiva del procedimento giudiziario penale. Recentemente, questa disciplina ha allargato il raggio di azione del proprio intervento, dalla semplice carcerazione alle varie forme di misure sostitutive o alternative alla pena detentiva.

Legittimità di scienze criminali hanno anche la psicologia giudiziaria, che approfondisce le interrelazioni psicologiche tra i vari protagonisti del procedimento giudiziario (dalla persona offesa al testimone, dall'imputato al magistrato, sino all'operatore amministrativo), e la psicologia giuridica, ramo della psicologia applicato al diritto.

Infatti, proprio lo studio e la comprensione dell'atteggiamento psicologico assunto dai vari soggetti che, direttamente o indirettamente, vengono in contatto con il procedimento giudiziario, si fa sempre più importante, anche dal punto di vista pratico: pensiamo al perito che deve analizzare l'imputato, al difensore nell'ambito della scelta delle strategie difensive, all'equipe di osservazione e trattamento in ambito penitenziario, e così via. Uno dei settori in cui, maggiormente, la ricerca è stata approfondita è quello della psicologia della testimonianza; ma pensiamo, anche, alle tecniche di conduzione dell'esame incrociato nel processo penale, ai rapporti tra le varie figure professionali che vengono a contatto - e talvolta collidono - nelle aule di giustizia, o, addirittura, tra i componenti laici e togati di un medesimo collegio giudicante. La criminalistica, invece, utilizza una serie di conoscenze, per far fronte ai problemi di indagine di investigazione criminale. Può intendersi come l'insieme delle molteplici tecnologie e sapere che vengono utilizzati per l'investigazione criminale, come la balistica giudiziaria, la dattiloscopia, l'analisi di materiali biologici, dei gruppi sanguigni, delle tracce ematiche, del DNA per l'identificazione del colpevole, la ricerca dei residui di polveri da sparo, e inoltre, la medicina legale, la grafometria e la comparazione calligrafica, nonché, le indagini tossicologiche. La medicina legale tratta quell'applicazione delle conoscenze mediche al diritto, contribuendo alla elaborazione, interpretazione e applicazione di precetti giuridici che riguardano la tutela della vita e dell'integrità psico-fisica. Se da un lato, mantiene ancora l'indirizzo giuridico-forense e i tradizionali rapporti con l'amministrazione della giustizia occupandosi dello studio del cadavere e della medicina del delitto, dall'altro, particolarmente in Italia, i suoi compiti investono, ormai, tutti i rapporti fra la persona umana e l'ordinamento giuridico-sociale, trovando un'ampia collocazione nell'ambito del S.S.N.; questa apertura sociale dipende dalla valorizzazione degli aspetti medico-legali della malattia, affinché il cittadino sia reintegrato, non solo nello stato di salute, se possibile, ma anche nello stato economico, fruendo di ogni altro

riconosciutogli in applicazione delle leggi sociali. Ogni fatto medico può nascondere svariati risvolti giuridici; il compito della medicina legale è proprio quello di partire dalla situazione clinica per verificare l'applicabilità di una normativa lungo un iter che, passando attraverso una semeiotica, talvolta peculiare, non ha il fine diagnostico-terapeutico, ma quello di determinare l'effettiva natura ed entità degli esiti di un particolare evento e di accertare il nesso di causalità materiale fra tale evento e gli esiti stessi giudizio medico-legale), con specifico riferimento all'ambito giuridico di competenza (penale, civile, assicurativo, ecc.). La metodologia medico-legale si applica alla diagnosi, alla prognosi e ai giudizi conclusivi che rappresentano il presupposto per la risposta a quesiti di interesse medico e giuridico.

6.1   La criminologia come scienza Bandini, nei primi anni Novanta, sosteneva che la criminologia appare incerta circa le proprie finalità ed il proprio oggetto di studio, risulta divisa in indirizzi talvolta profondamente contrastanti, è condizionata da una situazione di profonda crisi, che in molti casi limita lo sviluppo, l'affermazione e la diffusione della disciplina stessa. Oggi, da parte di coloro che si approcciano allo studio della criminologia, si riscontra, per lo più, il desiderio di conoscenza delle metodologie che ineriscono, ad esempio, la criminologia clinica oppure la criminalistica, tenuto conto, peraltro, anche della continua influenza mediatica su tali argomentazioni; ciò, a detrimento del necessario e primario approccio alla criminalità che deve concretizzarsi, in primis, nella conoscenza di quella che possiamo definire come la l' evoluzione della criminologia.

Nell'ultimo decennio, si è assistito ad un intenso dibattito sul ruolo di quest'ultima. Da un lato, è considerabile come scienza multidisciplinare, dove per multidisciplinare si intende quella singola branca del sapere che, per il suo autonomo sviluppo, richiede necessariamente competenze molteplici. La criminologia, pertanto, avrebbe questa caratteristica in quanto si occupa del fenomeno criminoso secondo plurime prospettive, e, in essa, andrebbero a confluire e ad integrarsi le conoscenze esistenti sul fenomeno delittuoso. Se si mantiene questo status, la criminologia, sembrerebbe orientata a rinunciare a una propria autonomia, in quanto si ripropone il problema di come una disciplina possa costituirsi quale momento di sintesi e di integrazione di conoscenze provenienti da discipline tra loro eterogenee. Per uscire da questa impasse, allora, è necessario considerare la criminologia come scienza interdisciplinare; ciò presuppone il dialogare con altre discipline autonome con le quali ha in comune lo studio del comportamento antigiuridico o antisociale, allo scopo di conoscere le sue cause e di realizzare adeguati programmi di prevenzione e di trattamento. La interdisciplinarietà, però, viene dagli studiosi considerata come una sorta di espediente epistemologico, tenuto conto che il criterio interdisciplinare non può riguardare una singola disciplina, e presuppone un'interazione fra distinte discipline, le quali possono interagire, se hanno già acquisito un'identità (e forse una pseudo-autonomia), e se sono nella condizione di apportare, attraverso propri schemi concettuali, un proprio modo di definire i problemi e di impostare la ricerca.

Un'interdisciplinarità è un momento di convergenza funzionale ed entra in gioco successivamente al fatto che più discipline abbiano affrontato uno o più problemi in comune, tenuto conto della propria specificità e delle proprie strategie interpretative. Penati, ad esempio, sostiene che l'introduzione di un criterio interdisciplinare non preceduto da uno studio preliminare e necessariamente distinto per discipline, livellerebbe genericamente il sapere al grado di mera esperienza effettuale e di confuso tentativo di una sua espressione globale non strutturata: impedirebbe, cioè, quell'articolazione analitica e quel ripensamento critico originale e creativo che costituisce l'essenza dell'assimilazione culturale della realtà da parte dell'uomo.

Interdisciplinarità è accostamento e utilizzazione di teorie e modelli sviluppati nell'ambito di determinati contesti e paradigmi dotati di linguaggi loro propri, e, come tale, *"porta a una semplice sovrapposizione di fuochi giungendo, quindi, nel migliore dei casi, a enunciare proposizioni tautologiche, e, nel peggiore,* alla *confusione"*

Ponti, all'inizio, aveva caratterizzato la criminologia come scienza multidisciplinare e interdisciplinare, successivamente rivede la propria posizione rispetto
120

all'interdisciplinarità, affermando che la criminologia è scienza a carattere interdisciplinare, in quanto, ha anche la necessità di coltivare rapporti interdisciplinari. L'immagine della criminologia quale scienza sintetica si giustifica se essa è concepita in termini di scienza empirica, caratterizzata dal metodo induttivo, e fondata sull'osservazione tale che la scienza si riduce a un insieme di asserzioni che descrivono osservazioni, e che aumenta e progredisce amplificando il volume delle asserzioni che descrivono osservazioni. Vassalli, afferma che la criminologia esprime, oramai, l'aspirazione a una visione unitaria e sintetica del fenomeno individuale e sociale della delinquenza, nella quale si compongono le diverse esperienze e le diverse conoscenze che, a tale visione, il più possibile compiuta, possono contribuire, ordinate in relazione a chiari punti di partenza comuni e secondo una comune finalità di verità obiettiva, le conoscenze intorno al fenomeno delittuoso, ai suoi fattori, al suo modo di manifestarsi, ai suoi effetti individuali e sociali, alla sua valutazione e comprensione.

Collegato a questo approccio è il metodo induttivo, secondo il quale la ricerca scientifica parte dall'osservazione, per poi, con cautela, passare alle leggi generali.

Il passaggio da asserzioni particolari ad asserzioni generali viene, quindi, giustificato sulla base di un'accumulazione di fatti-asserzioni.

La codificazione della criminologia come scienza sintetica deriva dall'avere confuso la comprensibile aspirazione a un sapere, il più articolato possibile, sulla questione criminale con la codificazione della criminologia quale scienza interdisciplinare, multidisciplinare.

Secondo questa interpretazione, alla criminologia può essere attribuito il compito di comporre le diverse esperienze e conoscenze intorno al fenomeno delittuoso, alle sue manifestazioni, ai suoi effetti, alla sua valutazione e comprensione, purché, si prenda atto che la criminalità e il comportamento criminoso possono essere ricondotti ad unità, unicamente se si abbandona l'illusione di poter costruire un "unità disciplinare sulla base di un'integrazione di conoscenze appartenenti a discipline e professioni diverse. Allo stato attuale, tuttavia, i criminologi tradizionali non appaiono in grado di risolvere le contraddizioni della loro codificazione di criminologia, soprattutto, perché non hanno posto attenzione sul fatto che, allorché discipline e professioni diverse interagiscono, non si limitano a offrire un contributo autoreferenziale, ma producono frammenti di conoscenza e di operatività che sfuggono ai rispettivi vincoli. Per la criminologia diventa, allora, necessario immaginare che i saperi costitutivi del diritto, della medicina, della pedagogia, della psichiatria, della psicologia, della sociologia, pur conservando autonomia e originalità, rappresentano frammenti conoscitivi.

Lo studio della criminologia e operativi che si producono durante il confronto disciplinare e professionale e che confluiscono in questo spazio; diventa, di conseguenza, necessario, prevedere un metodo che si caratterizzi quale ricerca delle condizioni che consentano al confronto di non ridursi a mera sommatoria di dati, ma che trasformi la connessione in risorsa di complementarità.

Calzante l'esempio di Pisapia a proposito del dibattito sull'autonomia della criminologia. Si immagini un appartamento composto da più locali. Ognuno di questi locali rappresenta una disciplina o una professione interessate a offrire un contributo alla questione criminale: criminalistica, diritto, pedagogia, politica criminale, psichiatria, psicologia, servizio sociale, sociologia, ecc. Se si considera la criminologia (che per autodefinizione si pone quale scienza del crimine) una delle discipline interessate alla questione criminale, essa andrebbe a occupare una delle stanze dell'appartamento e non potrebbe essere delineata quale disciplina che sintetizza e integra, le conoscenze prodotte dalle altre discipline. Se identificassimo la criminologia con l'edificio che contiene quell'appartamento, essa, avrebbe la presunzione di porsi come meta scienza, e le altre discipline non sarebbero che sotto discipline della criminologia.

Si pensi, invece, alla Criminologia come al corridoio che attraversa i confini delle diverse stanze, corridoio che le distingue luna dall'altra, ma che consente, a queste, di comunicare. Allorché emerge una situazione che chiama in causa alcune delle discipline presenti, ognuna di queste supera la propria soglia e, sulla base della propria competenza, porta uno specifico contributo. La criminologia, rappresenta, in quanto spazio comune e condivisibile, la condizione affinché' questi contributi possano confrontarsi, mantenendo, ciascuna, la propria identità; essa si pone come spazio al cui interno le differenti discipline e professioni producono frammenti di conoscenza e di operatività che sfuggono ai rispettivi vincoli.

L'immagine di criminologia che emerge è quella di un'area di sapere che si caratterizza quale potenzialità progettuale di connessione e, quindi, a mano a mano che si sviluppa il processo di interazione, quale competenza metodologica che si sostanzia nella possibilità di trasformare i contributi delle diverse discipline e professioni in risorsa di complementarità.

La criminologia, pertanto, non si pone come motore di rielaborazione delle conoscenze acquisite da altre discipline, ne rappresenta, per tale motivo, una scienza di secondo livello, né una meta scienza nel dare senso e significato alle altre scienze; al contrario, si presenta come dimensione di costruzione di nuove conoscenze.

La criminologia, pertanto, deve essere intesa quale metodo di regolazione disciplinare e professionale che attiene, non solo alla fase successiva all'emergere del confronto, ma che riguarda i processi, grazie ai quali, questa interazione si origina e si sviluppa.

Canepa, a tal proposito, sosteneva che la criminologia dovesse essere concepita come ricerca criminologica. Un'intuizione, come lo stesso affermava, che è stata troppo presto abbandonata; si è preferito attestarsi sull'idea di criminologia quale scienza interdisciplinare del comportamento antisociale nelle sue varie forme: dal semplice disadattamento alle forme di antisocialità più definita in senso oppositivo, fino al comportamento delittuoso (antisocialità come delitto).

All'interno della ricerca criminologica, Canepa individua una ricerca fondamentale che studia le cause del comportamento antisociale prescindendo dall'utilizzazione pratica dei risultati, e, una ricerca applicata che si concreta nella programmazione di interventi per la prevenzione del comportamento antisociale. La criminologia, più che una disciplina in senso tradizionale, è, quindi, concepita come ricerca delle condizioni che consentono di strutturare domande e offrire risposte sui diversi aspetti che compongono la questione criminale: dalla produzione delle norme alle definizioni sociali di devianza e di criminalità;

127

dall'applicazione delle norme, all'applicazione effettiva delle definizioni sociali di criminalità e devianza a soggetti specifici; dalla condanna di coloro che sono ritenuti autori di reato all'esecuzione della pena e delle misure di sicurezza, senza trascurare le vittime di reato.

Norme di condotta e regole di interazione accompagnano l'individuo nella maturazione della propria esperienza sociale nel corso della vita quotidiana, ed è anche a questo insieme di norme e di regole, denominato normativo-quotidiano, che il criminologo, ma non solo il criminologo, può fare riferimento.

Il fatto che l'interesse dei criminologi tradizionali sia stato quasi sempre il momento in cui le norme di condotta danno corpo a situazioni considerate socialmente negative non può fare dimenticare che una situazione problematica può essere spiegata se si hanno gli strumenti analitici per delineare le condizioni che rendono possibile un'esperienza di incontro con le norme di condotta, al fine di spiegare anche il momento di conflitto. E in un secondo momento - sul piano logico e su quello dei tempi di vita individuali - che ci si dovrebbe preoccupare di spiegare anche le articolazioni del confronto normativo che assumono caratteristiche problematiche e che, comunque, non necessariamente sfociano nel reato. De Greef riteneva la criminologia scienza in sé inesistente, sia per l'incertezza, e la contingenza, che per l'ipoteticità delle sue teorie.

Se una scienza deve rispondere ai criteri di sistematicità e controllabilità, si può certamente affermare, che, ai due criteri, risponde, perfettamente, la criminologia. Per sistematicità, si intende la costruzione di un complesso di conoscenze acquisite su un determinato oggetto, integrate, in un complesso armonico e strutturato.

Accanto alla sistematicità ed alla controllabilità, si riscontrano: la capacità teoretica, quella cumulativa, ed infine, quella predittiva. La capacità teoretica di una scienza, si concretizza nel trasformare in proposizioni astratte - unite da nesso logico - proposizioni costituenti la c.d. teoria, finalizzate a spiegare i rapporti causali, le correlazioni, nonché le variabili dei fatti, oggetto della sua analisi, derivanti da molteplici osservazioni e dati. La capacità cumulativa consiste, invece, nella caratteristica delle scienze di analizzare, correggere, amplificare o perfezionare, attraverso teorie più recenti, quelle in precedenza formulate. La capacità predittiva consiste nello sforzo di potere prevedere comportamenti dei singoli soggetti e dell'intera collettività, anche se è d'obbligo precisare che la predizione - per tali dimensioni - presenta limiti obiettivi e fisiologici.

6. 2 Lo studio della criminologia

L'orizzonte della criminologia

Il modo di indagine della criminologia è identificabile nello studio dei fatti delittuosi, in quello degli autori di fatti antigiuridici (qualificati come reati), delle molteplici forme di reazione sociale alla criminalità diffusa, dello studio personologico della persona offesa nel reato (vittima), nonché dei fenomeni di devianza.

Studi paralleli alle scienze criminali sono stati compiuti anche da altre discipline, quali la psichiatria, l'antropologia criminale, la sociologia, la statistica, la pedagogia, discipline che hanno fornito, e continuano a fornire, spunti scientifici di applicazione di indubbio valore e significato.

Nonostante le diverse sistemazioni teoriche che si sono avvicendate nel tempo, e tenuto conto che la criminologia ha compiuto passi da gigante, fino ad oggi, sul piano scientifico, e del posto importante che ha finito per occupare tra le attività istituzionali, ancora oggi, le domande rimangono le stesse:

° quanto sono vasti i confini della criminologia? ° qual è il suo campo di indagine e che cosa ricade sotto la sua osservazione?

' che tipo di relazione dovrebbe sussistere tra la criminologia e le altre discipline che si occupano dei medesimi oggetti? Bruno osserva che sostenere che la criminologia è una scienza multidisciplinare e interdisciplinare non è un'asserzione chiara e definitiva. Se si vogliono utilizzare definite e utili categorie concettuali per identificare il nucleo duro della disciplina, e capire il ruolo della criminologia moderna, si deve andare più in profondità a spiegare il significato reale delle parole, adottando un approccio che possa considerarsi effettivamente comprensivo e sistematico. Selling afferma, ad esempio, che il termine criminologia dovrebbe essere usato per designare il corpo di conoscenze scientifiche disponibili sul crimine.

Il problema, tuttavia, non è risolto, né da questa, né da altre più lunghe e complesse definizioni. Infatti, nuove difficoltà sorgono proprio dalla necessità di dare una definizione operativa e, quindi, utilizzabile della parola crimine'. Il crimine può essere definito sia come un fenomeno sociale che come un tipo di comportamento umano, sia come una violazione o infrazione della legge che come un atteggiamento morale mirato al male. La scelta dell'uno o dell'altro significato può dipendere non solo dal punto di vista che si preferisce, ma, anche, dallo scopo che si vuole raggiungere con l'analisi.

Se ne deve concludere che molte e differenti

134

prospettive coesistono insieme con molti e diversi aspetti dello stesso oggetto, nello stesso tempo e nello stesso spazio.

L'unico quadro di riferimento che fornisce significato stabile e continuità ad una tale realtà così mutevole e dinamica è rappresentato dall'essere umano che può essere considerato come l'elemento essenziale che partecipa, in quanto tale, sia al sistema osservante che a quello osservato.

Questa duplicità appare ineliminabile ed è ancora più complicata quando l'oggetto dell'osservazione è il comportamento dell'uomo che promana direttamente dal suo cervello, che si trova, così, ad essere contemporaneamente oggetto e soggetto di analisi e di ricerca.

135

6.3 LA CRIMINOLOGIA TRA DIRITTO ED EVOLUZIONE DELLA SOCIETÀ

Nel Settecento, gli illuministi, nell'obiettivo di contenere il dominio incontrastato di uno Stato assoluto, tirannico e accentratore, suggerirono riforme decise, nelle quali gli ideali dell'umanità tratteggiavano il punto di forza, indirizzato a custodire la libertà dei cittadini contro un ordinamento giuridico alquanto arretrato, e contro lo stato di completa anarchia in cui l'amministrazione della giustizia versava. Il complesso delle riforme proposte, puntava, pertanto, alla effettiva difesa della libertà dell'individuo e alla ricerca di un punto di equilibrio, a quei tempi ancora precario, tra la difesa della società contro le azioni delittuose e il rispetto dei diritti del cittadino; gli illuministi riformatori, spinti dalla esigenza di annientare il vecchio sistema, sentirono il bisogno di agire in maniera chiara e immediata, mediante un programma di politica giudiziaria diretto a

sconvolgere un sistema giuridico-sofia/e in cui dominava il dispotismo accentratore, che puntava, inesorabilmente, al completo abbattimento dei diritti di ciascun individuo.

Sebbene, in quel periodo, fossero stati forniti utili ed eccellenti strumenti finalizzati a migliorare le condizioni in cui la pratica del diritto versava, gli illuministi riformatori non erano, tuttavia, in grado di portare a termine un progetto di rivisitazione sistematico e organico di carattere normativo. I propositi riformatori erano innegabilmente risoluti e arditi, di fronte all'attuale condizione di polverizzazione sociale e di depressione dell'ordinamento giuridico, male soluzioni studiate e rese note avevano un carattere disorganico, rispetto al rigore tecnico-giuridico che avrebbe dovuto sostenerle. Secondo gli illuministi, l'intimidazione e la vendetta come risposta al diritto leso non potevano, certamente, più bastare.

La giustizia ed i giudici, pertanto, esercitavano un potere che era frutto di autentico arbitrio, giacché stabilivano se considerare un fatto, come delitto, indicandone, al contempo, quantità ed entità della pena.

6.4 METODI E LE FONTI

DELLE CONOSCENZE CRIMINOLOGIGHE

Metodi e fonti della ricerca criminologica

Kaplan (1964) sosteneva che la ricerca scientifica può essere definita come un processo di osservazione deliberata e controllata. I criminologi adoperano un vasto ventaglio di metodi e tecniche per valutare quantitativamente specie e dimensione della criminalità. I dati relativi possono essere raccolti, sia svolgendo ricerche empiriche con strumenti di osservazione, o con lo studio dei casi, sia studiando le statistiche ufficiali già costruite da altre fonti. In primis, occorre precisare che non si tratta di un metodo scientifico, bensì diversi metodi scientifici, il cui scopo consiste nell'ottenere conoscenze attraverso osservazioni obiettive.

Un'esigenza che le osservazioni siano oggettive chiarisce l'importanza che gli scienziati attribuiscono alla validità dei metodi di ricerca. Essi tentano di esprimere, accuratamente, le condizioni esatte in cui sono state effettuate le osservazioni, in modo tale che altri scienziati le possano ripetere. Quindi, il criterio di produzione di conoscenza scientifica è caratterizzato da una serie di svelte ragionate che il ricercatore deve, di volta in volta, compiere. Non può certamente essere negato il fattore di soggettività, che non può essere cancellato, ma, che può e deve essere reso esplicito. L'oggettività è, quindi, la caratteristica che contraddistingue ciò che è scienza, da ciò che non lo è, ed è ciò che fa della scienza l'unico mezzo universale per acquisire conoscenze, perché, sin dall'inizio, rifiuta di considerare ogni fenomeno che non sia accessibile a tutti. La diversità dei metodi scientifici costituisce, pertanto, il percorso più idoneo per il raggiungimento di verità probabilistiche e disponibili a possibili modifiche.

La formulazione dell'ipotesi rappresenta l'attività primordiale che va a definire il campo di indagine, senza chiaramente assicurarne in anticipo i risultati, ed è basata su problemi empiricamente verificabili. L'ipotesi, inoltre, non dovrebbe essere condizionata da credenze, pregiudizi e ideologie del ricercatore, mentre lo è, in ogni caso, dal suo background culturale e formativo; ha sempre carattere di provvisorietà.

I dati elaborati, vengono poi condensati attraverso rappresentazioni di natura cartografica con tabelle, ortogrammi, istogrammi, grafici secondo il metodo cartesiano, diagrammi in scala logaritmica, cartogrammi, torte, ecc. La RAPPRESENTAZIONE grafica dei fenomeni ha lo scopo di rendere il contenuto dei dati più visibile; la FASE finale della ricerca, è rappresentata dall'interpretazione dei dati, che deve essere eseguita in maniera obiettiva e senza forzare le risultanze ottenute.

La spiegazione dei nessi causali tra il fenomeno osservato (devianza o criminalità) e gli altri fattori sociali o individuali deve realizzarsi attraverso la generalizzazione empirica, cioè secondo proposizioni che mostrano come in un certo del ricercatore, mentre lo è, in ogni caso, dal suo background culturale e formativo; ha sempre carattere di provvisorietà.

I dati elaborati, vengono poi condensati attraverso rappresentazioni di natura cartografica con tabelle, ortogrammi, istogrammi, grafici secondo il metodo cartesiano, diagrammi in scala logaritmica, cartogrammi, torte, ecc. La RAPPRESENTAZIONE grafica dei fenomeni ha lo scopo di rendere il contenuto dei dati più visibile; la FASE finale della ricerca, è rappresentata dall'interpretazione dei dati, che deve essere eseguita in maniera obiettiva e senza forzare le risultanze ottenute.

La spiegazione dei nessi causali tra il fenomeno osservato (devianza o criminalità) e gli altri fattori sociali o individuali deve realizzarsi attraverso la generalizzazione empirica, cioè secondo proposizioni che mostrano come in un certo una popolazione e deve essere rappresentativo. La rappresentatività è offerta dal metodo probabilistico di campionamento in cui tutte le unità che compongono la popolazione hanno uguale probabilità di essere selezionate. Questa metodologia è, comunque, applicabile solo in presenza di un universo, per il quale sia possibile valutare l'ammontare, e per il quale possa essere predisposto un elenco numerabile. La statistica insegna che in presenza di universi ampi è opportuno ricorrere ad un campionamento a grappolo o a un campionamento stratificato, metodi, che si basano su tecniche di suddivisione della popolazione in sottopopolazioni, da cui vengono estratti diversi sub-campioni rilevati in base ad alcune variabili, ritenute rilevanti per la specifica indagine.

Nel caso in cui, per svariati motivi, i metodi sopra descritti non fossero applicabili, il ricercatore potrà avvalersi del campionamento definito non probabilistico, che prevede la selezione di un campione sulla base della conoscenza diretta della popolazione, ovvero potranno essere inseriti coloro che si dichiarano disponibili o segnalati da esperti del settore.

6.6   La ricerca di tipo qualitativo

Le metodologie di tipo qualitativo sono state ampiamente utilizzate nell'ambito della ricerca criminologica, si pensi all'applicazione nel campo clinico o in quello sociologico.

La stragrande maggioranza di coloro che si dedicano alle ricerche è orientata nell'utilizzo del metodo qualitativo, considerato più adatto a rappresentare il crimine e la relativa complessità, basandosi sulla ricerca di connessioni logico funzionali e di similitudini, in ordine ai fenomeni oggetto di studio.

Una prima distinzione con le metodiche di ricerca già evidenziate consiste nel fatto che l'applicazione del metodo qualitativo implica la produzione di dati, non sotto forma di numeri, bensì di parole; ciò equivale a dire, che i dati qualitativi sono ridotti a categorie o temi valutati in modo soggettivo. La dimensione della soggettività nell'ambito della ricerca e le problematiche connesse non rappresentano, di certo, una novità, poiché' è altamente probabile che l'influenza soggettiva del ricercatore possa alterare l'osservazione. La metodologia qualitativa parte da tre assunti fondamentali:

a)   **una visione olistica**, attraverso la quale si cerca di comprendere, nella loro interezza e complessità, i fenomeni;

b)   **un approccio induttivo**, che fa sì che la ricerca parta da osservazioni specifiche per poi spostarsi verso schemi generali, derivanti dai casi studiati; c) **l'indagine naturalistica**, che consiste nel comprendere, naturalmente, la fenomenologia generale.

Si annoverano i seguenti approcci: fenomenologia, ermeneutica, etnografia.

Le ricerche fenomenologiche hanno l'obiettivo di chiarire e descrivere i significati dell'esperienza umana; gli strumenti utilizzati nell'ambito di tali ricerche sono supportati, solitamente, da interviste o conversazioni, durante le quali, andando oltre le descrizioni offerte dagli individui circa il vissuto, si punta a giungere alle strutture che sottendono la coscienza. Particolarmente importante risulta essere il rapporto con il soggetto da un punto di vista empatico.

L'approccio ermeneutico, proprio per la sua complessità, risulta scarsamente applicato nel campo della ricerca sociale. Si basa sul presupposto che una specifica attività può essere compresa solo se si comprende il contesto nel quale si sviluppa; metodologicamente, i dati vengono forniti, prima, al ricercatore, il quale, in uno studio di natura fenomenologica, provvederà a creare il racconto trascritto che, solitamente, è stato ottenuto intervistando i partecipanti soggetti. L'approccio etnografico comprende descrizioni di natura antropologica e ricerche naturalistiche. La fattività di ricerca si sostanzia nella comprensione, ad esempio, di particolari aspetti di un gruppo, al fine di ottenerne, successivamente, informazioni più dettagliate. Il ricercatore, penetrando sempre più nella dimensione dell'oggetto di studio, dovrà, però, mantenere un adeguato distacco. I dati ottenuti vengono annotati su un diario di ricerca. Occorre innanzitutto precisare che, in campo criminologico, si ricorre a svariati metodi d'indagine; Il punto di entrata più comune è rappresentato da una qualche forma di osservazione empirica. Il ricercatore sceglie un argomento da un infinito insieme di argomenti, in seguito, attraverso un procedimento induttivo, formula una proposta di ricerca. Il passo successivo, consisterà nello sviluppare in modo compiuto la proposta, enunciandola sotto forma di affermazione che stabilisce una relazione tra due fenomeni. Dato che l'asserzione è valida solo nell'ambito di una specifica struttura teorica, spetterà al ricercatore il compito di spiegare tale proposizione, alla luce di un più vasto sistema teorico.

Le statistiche di massa esprimono, in numeri, l'osservazione di fatti; privilegiano lo studio di fattori macro-sociali di generale influenzamento, non consentono l'identificazione di fattori causali e evidenziazione di condizioni micro-sociali o personali significative. Tale metodo risulta essere indispensabile per la conoscenza dell'estensione del fenomeno criminale e per l'espressione delle sue caratteristiche più generali, quali diffusione, frequenza, modificazioni quantitative e qualitative, distribuzione qualitativa in ordine al tipo di reati, qualità e gravità delle sanzioni, e così via.

La statistica di massa si limita, in genere, a una descrizione fenomenologica della condotta criminale. Può usufruire di dati, pervenuti dagli organi della magistratura o da quelli della polizia, che possono essere considerati in funzione di numerose variabili (sesso, età,

146

tipo di reato, occupazione, stato civile, razza, religione, ecc.). La statistica criminale può contenere numerose cause di errore, sia riguardo la validità dei dati, dovute all'imprecisione o non attendibilità delle fonti, sia per ciò che concerne l'interpretazione dei dati in genere, se la tecnica statistica non viene correttamente applicata.

La principale causa di errore insita nella statistica di massa è legata al fatto che i dati ufficiali (reati denunciati alla magistratura, denunce formulate dagli organi di polizia, provvedimenti penali istruiti contro gli autori, statistiche sulle popolazioni nelle carceri, ecc.) non possono, ovviamente, tener conto della statistica occulta, rappresentata da reati effettivamente commessi, ma non scoperti. Il numero oscuro indica, quindi, la differenza tra la criminalità effettivamente presente in un certo contesto sociale, e quella che invece risulta dichiarata e perseguita dagli strumenti costituzionali.

Esso invalida, in modo più o meno rilevante, le statistiche sulla criminalità. L'indice di occultamento (rapporto fra reati noti e quelli commessi) è influenzato da innumerevoli fattori, tra i quali:

-       caratteristiche del reato: alcuni crimini è più difficile che passino inosservati (omicidi), rispetto ad altri di cui spesso non se ne ha neppure notizia

(truffe),

-       atteggiamento della vittima: una delle fonti dalla quale emerge la conoscenza dei delitti commessi è la denuncia della parte offesa, ma non tutte le vittime (o testimoni) rendono di dominio pubblico il danno subito;

-       atteggiamento degli organi istituzionali: le iniziative di questi ultimi rappresentano un'ulteriore fonte per evidenziazione dei fatti delittuosi. Spesso, però, queste indagini finiscono, per motivi contingenti o di scelta, col privilegiare un settore o un gruppo sociale piuttosto che un altro. Significativo, a tal proposito, `e il riferimento alla delittuosità dei colletti bianchi, caratterizzata da un alto indice di occultamento, incrementato, in parte, dal mancato controllo da parte delle forze istituzionali; - qualità dei reati: fattori quali ceto sociale, razza, stato civile, nonché livello di professionalità del criminale, influenzerebbero la scoperta o la denuncia del crimine. In ogni caso, queste considerazioni dovrebbero far desistere dall'attribuire significato di causalità alle indagini statistiche nonché' dall'arbitraria generalizzazione dei risultati.

In conclusione, il campo della delittuosità reale è molto più ampio di quello che convenzionalmente si ritiene, coinvolgendo larga parte della popolazione, e interessando gran parte dei gruppi sociali.

Per crimine si intende qualunque fatto previsto dalla legge come reato che si manifesta, peraltro, con modalità differenti in funzione della posizione sociale e dei vari status. Mentre i delitti che costituiscono la delittuosità convenzionale sono, statisticamente parlando, appannaggio dei gruppi sociali più squalificati, gli altri gruppi sociali commettono reati di diversa natura, che sono in genere quelli meno perseguiti. Così, ad esempio, un giovane immigrato manifesterà la sua indifferenza verso le norme, rubando o rapinando in moda convenzionale, mentre il borghese disonesto, esplicherà la propria anti-normatività in settori suoi propri, nelle frodi del commercio, nella corruzione, e così via. Questi delitti avranno, però, la caratteristica di comparire nelle statistiche redatte, sulla scorta dei soli delitti perseguiti e giudicati, in modo poco rilevante rispetto alla loro entità, ingenerandosi, perciò, la erronea convinzione che i veri delitti sono quelli intenzionali, e che questi ultimi siano molto più diffusi degli altri.

b) il metodo sperimentale Come nel campo delle scienze cosiddette esatte, anche in criminologia, si usa il metodo rigoroso della sperimentazione controllata. Esso consiste nel mantenere costanti o controllati tutti i fattori e le condizioni che si ritiene influenzino i risultati dell'esperimento, a eccezione della variabile 0 fattore ipotizzato come responsabile di determinati comportamenti del soggetto sotto osservazione. Per esempio, alcune ricerche criminologiche hanno focalizzato l'attenzione sullo sviluppo di diverse forme di terapia farmacologica per ridurre l'aggressività e il comportamento delinquenziale dei minori. L'applicazione del metodo sperimentale in tale campo implica l'uso di due gruppi di soggetti.

Uno, sperimentale o campione, l'altro di controllo. Entrambi, devono essere simili per età, quoziente intellettivo, sesso, classe sociale e ogni altra caratteristica associabile all'aggressività e al comportamento deviante. Al gruppo testato viene somministrato il farmaco, mentre, al gruppo di controllo viene somministrata, senza che lo sappia, una sostanza innocua, cioè un placebo. Successivamente, vengono confrontati i differenti comportamenti aggressivi tra i due gruppi. Vengono, infatti, svolte determinate misurazioni del comportamento aggressivo. Le indagini finiscono, per motivi contingenti o di scelta, col privilegiare un settore o un gruppo sociale piuttosto che un altro.

PARTE SETTIMA

CAPITOLO 7

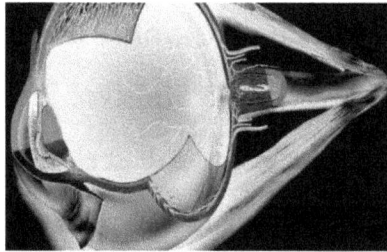

7.1 Dall'occhio

della vittima al volto del carnefice.

È realmente possibile riconoscere qualcuno attraverso la sua immagine riflessa nell'occhio di chi gli sta davanti? Secondo alcuni scienziati che hanno condotto un singolare esperimento sì e, anzi, attraverso le più recenti e raffinate tecnologie legate al mondo della fotografia ad alta

risoluzione, specifiche indagini nell'ambito della criminalità potrebbero beneficiare di un valido sostegno in determinate occasioni: esatto, proprio come abbiamo visto fare qualche volta nei telefilm.

- Ancora siamo lontani dall'ottenereper motivi contingenti o di scelta, col privilegiare un settore o un gruppo sociale piuttosto che un altro. Significativo, a tal proposito, `e il riferimento alla delittuosità dei colletti bianchi, caratterizzata da un alto indice di occultamento, incrementato, in parte, dal mancato controllo da parte delle forze istituzionali; - qualità dei reati: fattori quali ceto sociale, razza, stato civile, nonché livello di professionalità del criminale, influenzerebbero la scoperta o la denuncia del crimine. In ogni caso, queste considerazioni dovrebbero far desistere dall'attribuire significato di causalità alle indagini statistiche nonché' dall'arbitraria generalizzazione dei risultati.

In conclusione, il campo della delittuosità reale è molto più ampio di quello che convenzionalmente si ritiene, coinvolgendo larga parte della popolazione, e interessando gran parte dei gruppi sociali.

Per crimine si intende qualunque fatto previsto dalla legge come reato che si manifesta, peraltro, con modalità differenti in funzione della posizione sociale e dei vari status. Mentre i delitti che costituiscono la delittuosità convenzionale sono, statisticamente parlando, appannaggio dei gruppi sociali più squalificati, gli altri gruppi sociali commettono reati di diversa natura, che sono in genere quelli meno perseguiti. Così, ad esempio, un giovane immigrato manifesterà la sua indifferenza verso le norme, rubando o rapinando in moda convenzionale, mentre il borghese disonesto, esplicherà la propria anti-normatività in settori suoi propri, nelle frodi del commercio, nella corruzione, e così via. Questi delitti avranno, però, la caratteristica di comparire nelle statistiche redatte, sulla scorta dei soli delitti perseguiti e giudicati, in modo poco rilevante rispetto alla loro entità, ingenerandosi, perciò, la erronea convinzione che i veri delitti sono quelli intenzionali, e che questi ultimi siano molto più diffusi degli altri.

b) il metodo sperimentale Come nel campo delle scienze cosiddette esatte, anche in criminologia, si usa il metodo rigoroso della sperimentazione controllata. Esso consiste nel mantenere costanti o controllati tutti i fattori e le condizioni che si ritiene influenzino i risultati dell'esperimento, a eccezione della variabile 0 fattore ipotizzato come responsabile di determinati comportamenti del soggetto sotto osservazione. Per esempio, alcune ricerche criminologiche hanno focalizzato l'attenzione sullo sviluppo di diverse forme di terapia farmacologica per ridurre l'aggressività e il comportamento delinquenziale dei minori. L'applicazione del metodo sperimentale in tale campo implica l'uso di due gruppi di soggetti.

Uno, sperimentale o campione, l'altro di controllo. Entrambi, devono essere simili per età, quoziente intellettivo, sesso, classe sociale e ogni altra caratteristica associabile all'aggressività e al comportamento deviante. Al gruppo testato viene somministrato il farmaco, mentre, al gruppo di controllo viene somministrata, senza che lo sappia, una sostanza innocua, cioè un placebo. Successivamente, vengono confrontati i differenti comportamenti aggressivi tra i due gruppi. Vengono, infatti, svolte determinate misurazioni del comportamento aggressivo. Le indagini finiscono, per motivi contingenti o di scelta, col privilegiare un settore o un gruppo sociale piuttosto che un altro.

PARTE SETTIMA

CAPITOLO 7

7.1 Dall'occhio

della vittima al volto del carnefice.

È realmente possibile riconoscere qualcuno attraverso la
sua immagine riflessa nell'occhio di chi gli sta davanti?

Secondo alcuni scienziati che hanno condotto un singolare esperimento sì e, anzi, attraverso le più recenti e raffinate tecnologie legate al mondo della fotografia ad alta risoluzione, specifiche indagini nell'ambito della criminalità potrebbero beneficiare di un valido sostegno in determinate occasioni: esatto, proprio come abbiamo visto fare qualche volta nei telefilm.

Ancora siamo lontani dall'ottenere dall'ottenere il fermo immagine dell'assassino impresso nell'occhio dell'ucciso, comunque (questo sì, è ancora fantascienza), ma si sta lavorando con tecniche avanzate informatiche e di fisica ottica per approntare una macchina in grado di registrare il fermo immagine nel *rigor mortis*.

Pare invece che sia più facile del prevedibile arrivare a riconoscere qualcuno che sta scattando una fotografia grazie al suo riflesso nell'iride del fotografato: due studiosi, Rob Jenkins della University of New York e Christie Kerr della University of Glasgow, hanno infatti dimostrato come quello che fino ad ora è stato un espediente per aiutare investigatori da schermo a risolvere i casi più intricati possa nella realtà funzionare. I risultati del loro lavoro sono stati resi noti. Il nostro occhio funziona proprio come un piccolo specchio: ecco perché ingrandendo le immagini che si trovano al suo interno, ed applicando dei filtri in grado di aumentare il contrasto per rendere più marcate le linee caratteristiche del volto, i ricercatori hanno dimostrato che in più del 70% dei casi è stato possibile riconoscere la figura riflessa in un occhio immortalato all'interno di una fotografia. Il tutto grazie ad un esperimento che ha sottoposto alcuni partecipanti prima alla visione di immagini ottenute a partire da un riflesso oculare e, in una seconda fase, al raffronto di quanto osservato con delle foto segnaletiche. Ma l'accuratezza nell'identificare qualcuno è salita addirittura fino all'84% quando si trattava di riconoscere volti familiari ai volontari, come quello del Presidente degli Stati Uniti.

L'aspetto più sorprendente è che tale riconoscimento può avvenire anche partendo da un'immagine piccolissima, come una fototessera, purché abbia risoluzione elevata: questo fa ragionevolmente ben sperare i ricercatori sulle possibili applicazioni pratiche del proprio studio.

La possibilità di riuscire ad individuare il pedofilo che fotografa un bambino o il rapitore che fa uno scatto al sequestrato da inviare ai parenti della vittima potrebbe essere una risorsa non da poco per aprire a nuove strade nel mondo del contrasto alla criminalità: il tutto ricorrendo a strumenti relativamente diffusi e di facile accesso.

Oltretutto, in un occhio si specchiano non solo persone, ma anche luoghi o, magari, complici e carnefici e questo partendo da un'immagine che può essere fino a 30.000 volte più piccola di quello che si osserva.

L'ennesima dimostrazione, insomma, di quanto la tecnologia si muova sempre più nell'ambito di quella che, fino a poco tempo fa, ci sembrava soltanto fantascienza.

Una ricerca dell'università di Glasgow, riportata dal quotidiano Daily Mail, afferma che grazie alle immagini riflesse negli occhi delle vittime fotografate dai loro carnefici sarà possibile risalire ai volti e quindi alle identità di pedofili, stupratori e degli autori di tutti quei crimini in cui la vittima viene fotografata dal suo assalitore. "L'occhio funziona come uno specchio nero" - afferma il coordinatore della ricerca, il dottor Rob Jenkins dell'università di Glasgow - "e gli occhi di chi viene fotografato possono veramente rivelare dove eri e con chi".

A dimostrarlo è uno studio dell'Università di York pubblicato su PLOS One, nel quale si prova che l'occhio funziona come una sorta di piccolo specchio: se si ingrandisce l'immagine del riflesso e si applicano dei filtri per renderla più nitida si può riconoscere la figura dell'aggressore in almeno il 71% dei casi. Il risultato, secondo i ricercatori inglesi, potrebbe aiutare a risolvere crimini in cui le vittime sono fotografate.

È uno stratagemma usato in diversi film e telefilm polizieschi, al limite della fantascienza, ma nessuno aveva ancora provato funzionasse. Invece, sembra proprio che riconoscere un pedofilo o un rapitore **guardando gli occhi delle vittime**, nelle **foto** loro scattate proprio dai carnefici, sia possibile.

A dimostrarlo è uno studio dell'**Università di York** pubblicato su **PLOS One**, nel quale si prova che l'occhio funziona come una sorta di **piccolo specchio**: se si ingrandisce l'**immagine del riflesso** e si applicano dei **filtri** per renderla più

nitida si può riconoscere la figura dell'aggressore in almeno il 71% dei casi.

Il sorprendente risultato si ottiene **anche quando le foto sono piccole**, delle dimensioni di una fototessera, purché queste siano ad alta risoluzione e corrette in modo da aumentare il contrasto tra le zone più luminose e quelle più scure.

Per ottenere questo risultato, i **ricercatori** hanno fatto guardare ad alcuni volontarie immagini manipolate a partire dal riflesso dell'occhio delle vittime, e poi le hanno messe a confronto con le foto segnaletiche dei volti di possibili carnefici.

In oltre il 70% dei casi quando i volti erano sconosciuti e addirittura nell'84% quando il finto aggressore era un volto noto a chi si sottoponeva al test.

Inoltre, gli studiosi hanno dimostrato che nel caso in cui il volontario conosca il potenziale

aggressore, il riconoscimento è possibile anche senza un confronto con foto segnaletiche.

Il risultato, secondo i ricercatori inglesi, potrebbe aiutare a **risolvere crimini** in cui le vittime sono fotografate – come nel caso di foto di ostaggi, o a quelle dei bambini che finiscono nelle mani dei pedofili, che poi ne riprendono le sevizie – in modo da riconoscere i colpevoli, eventuali complici o anche la location nella quale si svolge il delitto.

"La capacità umana di riconoscere i volti è quasi incredibile", ha spiegato **Rob Jenkins,** primo autore dello studio apparso sulla prestigiosa rivista scientifica. "Soprattutto se si pensa che le immagini recuperate dai riflessi negli occhi possono essere anche **30 mila volte più piccole** della stessa faccia delle vittime.

Il che – ha concluso – fa anche comprendere quale sia il potenziale della fotografia ad alta risoluzione,

che ad oggi ancora non abbiamo esplorato del tutto".

CAPITOLO 8

8. 1 LA DATTILOSCOPIA

La dattiloscopia è la scienza che studia le metodologie di riconoscimento di una persona attraverso l'analisi delle sue impronte digitali.

Nell'ambito delle tecnologie biometriche, il riconoscimento delle impronte digitali è senz'altro il sistema che si è più diffuso sia in applicazioni commerciali che governative, probabilmente perché il costo degli apparati è più ridotto e perché lo studio delle impronte digitali è più consolidato, ha origini più antiche nel tempo.

163

Vantaggi:

è una scienza che esiste da oltre 100 anni

le impronte digitali sono "chiavi biometriche" univoche per ogni individuo e immutabili nel tempo

il rilevamento dell'impronta non crea imbarazzo nell'utente

i dispositivi automatici di riconoscimento delle impronte sono: e facili da usare ₀ di dimensioni e costo controllate ₀ possono fornire elevate prestazioni

Caratteristiche dell'impronta

Immutabilità: configurazione e dettagli sono permanenti, possono essere alterati solo temporaneamente

Classificazione: ci sono più di 40 caratteristiche che possono essere quantificate e usate per identificare un individuo.

Unicità: non esistono due impronte simili, neanche tra gemelli omozigoti.

FASI del RICONOSCIMENTO

Fase di REGISTRAZIONE

1. Rilievo dei particolari significativi

2. Codifica

3. Memorizzazione

Fase di VERIFICA

1. Rilievo dei particolari significativi 2. Confronto con i dati memorizzati

3. Accettazione/Scarto

Dattiloscopia

Cosa è la dattiloscopia

Per dattiloscopia si intende lo studio delle creste papillari-sporgenze dermiche esistenti su tutta la superficie interna delle mani (zona volare) e degli arti inferiori (zona plantare). Questo studio, nella branca giudiziaria della disciplina, è finalizzato ad un giudizio di identità (positivo o negativo) significando che l'identità dattiloscopica è la perfetta uguaglianza di due termini in confronto per la loro derivazione dallo stesso soggetto.

Cenni storici

Il primo approccio su base scientifica allo studio delle impronte papillari è da attribuirsi all'italiano Marcello MALPIGHI che, nel 1664, ne studiò le caratteristiche istologiche individuando nell'epidermide i 5 strati che la compongono. Nel 1823, ad opera del PURCKINJE abbiamo la prima asserzione sulla possibilità di classificare le impronte, che trova un pratico riscontro da parte di

William Janes HERSHELL, governatore del Bengala, il quale, nel 1858 introduce in quella regione la pratica dell'apposizione di un'impronta digitale sui contratti firmati da indigeni analfabeti, analogamente alla legge TAHIO giapponese del 702 che prescriveva tale apposizione nelle richieste di divorzio. Fu grazie a questa esperienza che HERSHELL propose nel 1877 l'adozione di uno schedario dattiloscopico per i detenuti, avallato, nel 1892, da Francis GALTON che propose un suo sistema di classificazione, ai cui concetti sono ispirati tutti i successivi fino agli odierni.

La prima efficace applicazione dei sistemi dattiloscopici di identificazione è comunque quella del 1901 ad opera di Juan VUCETICH, capo della polizia di La Plata, che ebbe il merito di semplificare al massimo i sistemi di classificazione.

170

Caratteristiche delle impronte papillari

Le impressioni papillari si formano completamente entro il 4° mese di vita intrauterina e permangono inalterate fino al disfacimento post mortemi. Eventuali lesioni traumatiche permanenti entreranno esse stesse a far parte delle caratteristiche distintive dell'impressione. Le accidentalità e il disegno generale delle impressioni papillari hanno complessivamente carattere di unicità e ben si prestano alla classificazione secondo criteri ordinativi.

Il dermatoglifo

Osservando il disegno (dermatoglifo) formato dalle involuzioni delle creste dermiche presenti sui polpastrelli, si possono distinguere tre sistemi di linee corrispondenti ad altrettante zone:

1. sistema o zona basale: dall'interlinea articolare tra seconda falange e polpastrello con andamento mediamente parallelo a questa

2. sistema o zona marginale: segue e contorna il polpastrello nella parte radiale, ulnare e superiore o apicale

3. sistema o zona centrale: nucleo dell'impronta, non sempre presente, è delimitato dagli altri due sistemi.

La presenza e la disposizione relativa di questi tre sistemi dà luogo a quattro tipi di figure universalmente accettate:

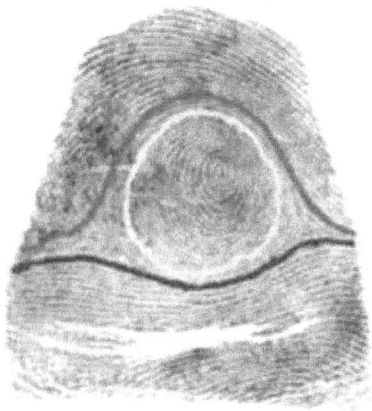

bidelta concentrica:

quando l'incrocio dei tre sistemi, sia nella parte ulnare che radiale, determina la formazione di due triangoli (delta) centrale chiusa e concentrica

bidelta composta:

uguale alla precedente, eccetto che nella zona centrale, la quale presenta due diversi fasci di linee con aperture contrapposte

monodelta dx e sx:

propriamente ulnare e radiale, presenta una zona centrale aperta da una parte, e quindi la formazione di un solo delta dalla parte opposta

adelta o anucleari:

mancanti della zona centrale e pertanto senza delta.

Componenti dell'impronta

L'impronta papillare è in genere costituita da secrezioni naturali (ed eventualmente contaminazioni) prodotte da tre tipi di ghiandole superficiali: le ghiandole sudoripare eccrine ed apocrine e le ghiandole sebacee. Le superfici palmari e plantari sono caratterizzate solo da ghiandole eccrine.

I componenti principali sono acidi amminici, urea, acido urico, acidi grassi e componenti inorganici quali cloruri, solfati, fosfati e acqua (componente principale superiore al 98%)

Modi di evidenziazione

I metodi attualmente in uso per l'evidenziazione delle impronte latenti, ovvero quelle non direttamente percepibili, sono principalmente:

meccanici (polveri)

chimici (Ciano-acrilato, Iodio, Ninidrina)

per fluorescenza (Ninidrina e sali metallici,

D.F.O., polveri fluorescenti)

fisici (metallizzazione)

Utilità

Una delle più dibattute tematiche è il numero minimo di accidentalità che un'impronta papillare, ancorché parziale, deve offrire affinché si possa accertarne l'identità con altre in esame. L'approccio probabilistico iniziale del Balthazard stimò in 16 punti caratteristici una soglia giuridicamente valida indicando inferiore a 1 su 17 miliardi la possibilità di trovare la stessa combinazione di 16 minuzie. Tale teoria è stata recepita nella sua forma iniziale dalla Giurisprudenza italiana con le sentenze del 14.11.1959 della 2^ Sezione della Corte Suprema di Cassazione e della Sez.4^ del 23.03.1989. Tale

valutazione puramente quantitativa appare ormai sorpassata, essendosi spostata l'attenzione alla specifica rappresentatività di ogni accidentalità e arrivando alla conclusione formulata nel 1973 dall'I.A.I. (International Association for Identification) che nega l'esistenza di un numero minimo di accidentalità comuni necessarie per affermare un giudizio di identità.

Come già riconosciuto da molte legislazioni straniere, l'analisi qualitativa delle accidentalità e della loro reciproca collocazione all'interno di impronte in cui siano identificati gli andamenti dei sistemi apicale, basale e centrale, permette di effettuare confronti validi, anche fosse per la sola esclusione o per il proseguo delle investigazioni, anche con un numero di accidentalità ridottissimo, specie se la valutazione delle accidentalità è connessa ad accertamenti statistici sulla loro diffusione.

Informatica e dattiloscopia

La catalogazione delle impronte, requisito fondamentale per ogni tipo di ricerca sistematica, permette di sfruttare i supporti forniti dall'informatica per la creazione di archivi efficienti, snelli e facilmente consultabili anche in remoto. Sulla base di queste considerazioni è stato istituito e sviluppato un progetto internazionale

denominato **A.F.I.S. (Automatic Fingerprint Identification System)** che ha portato a varie soluzioni locali.

Possiamo sostanzialmente dire che si basa sulla creazione di un DB di impronte scannerizzate che vengono catalogate secondo criteri dattiloscopici. Le diverse implementazioni differiscono sulle metodologie usate per l'ottimizzazione dello spazio necessario alla memorizzazione delle impronte e per gli algoritmi di ricerca.

Va infatti valutato che una città come Milano ha normalmente un archivio dattiloscopico afferente circa 250.000 individui e la sola registrazione delle 10 impronte papillari a 500 dpi e 256 toni grigio con dimensioni 40 x 40 mm non compresse necessiterebbe di almeno 15.000.000 Mb!!!

Prospettive

Allo stato attuale la tipologia dei lavori dei tecnici e degli scienziati operanti nel settore è suddivisa principalmente in due tronconi.

Un'attività destinata all'immediato ed una orientata a gettare le basi per sviluppi nel brevemedio termine.

Per quanto attiene i lavori "attuali" o del "Presente" sono destinati prevalentemente a migliorare le tecniche di evidenziazione delle impronte latenti, e quindi interessano

177

principalmente i settori chimico-fisico, mentre per il "Futuro" l'area di interesse è quella del miglioramento della risoluzione delle impronte, dopo l'evidenziazione, tramite strumentazioni elettroniche e algoritmi dedicati.

Una frontiera a parte è stata aperta dall'utilizzo dell'informatica non più come mero supporto ma come vero compagno di lavoro.

La creazione di sistemi esperti in grado di svolgere un'analisi dell'impronta come un dattiloscopista, secondo i criteri dell'analisi semantica, è una prospettiva che apre alla dattiloscopia campi di applicazione fino ad adesso negatigli per costi e difficoltà pratiche.

La diffusione di questo tipo di sistemi esperti è crescente nel mondo per svariate applicazioni, sia governative (voto elettronico, censimento dei cittadini e dell'immigrazione) sia commerciale nelle più diffuse applicazioni di controllo accessi (aziende, banche, aeroporti per dipendenti o

frequent flyer, case private in applicazioni domotiche o di attivazione dell'antifurto).

CAPITOLO 9

INTERCETTAZIONI
TELEFONICHE

Molto spesso si sente parlare di **intercettazioni telefoniche**, che inchiodano alcuni soggetti, costringendoli a rispondere delle proprie azioni.

Dal punto normativo, non esiste una vera e propria **nozione di intercettazione**, tanto che è stata la **giurisprudenza** a dovervi provvedere identificandola in una "*captazione occulta e contestuale di una comunicazione o conversazione tra due o più soggetti che agiscono con l'intenzione di escludere altri e con modalità oggettivamente idonee allo scopo, **attuata da un soggetto estraneo** alla stessa mediante **strumenti tecnici di percezione** tali da vanificare le cautele ordinariamente poste a protezione del suo* *carattere riservato*" (cfr. Cass. Pen. 29 marzo 2005 n. 12189).

'intercettazione telefonica, in particolare, è quella che si estrinseca nella captazione di conversazioni attuate tra **soggetti che dialogano utilizzando il telefono**. Essa è legittimata, in via generale, dall'**articolo 266-bis del codice di procedura penale** che consente l'intercettazione del flusso di comunicazioni relativo a sistemi informatici o telematici o intercorrente tra più sistemi.

Ammissibilità

L'intercettazione telefonica, in quanto in **potenziale contrasto con alcuni principi costituzionali** (art. 15) **e Cedua** (art. 8), non è tuttavia sempre ammessa.

I limiti alla sua ammissibilità, in particolare, vanno

rinvenuti nell'**articolo 266 del codice di procedura civile** il quale stabilisce che l'intercettazione di conversazioni o comunicazioni

telefoniche è **consentita esclusivamente nei procedimenti relativi a determinati reati.**

Si tratta, in particolare, delle seguenti ipotesi:

- delitti non colposi per i quali è prevista la pena dell'ergastolo o della reclusione superiore nel massimo a cinque anni;

- delitti contro la pubblica amministrazione per i quali è prevista la pena della reclusione non inferiore nel massimo a cinque anni;

- delitti concernenti sostanze stupefacenti o psicotrope;

- delitti concernenti le armi e le sostanze esplosive; - delitti di contrabbando;

- ingiuria, minaccia, usura, abusiva attività finanziaria, abuso di informazioni privilegiate, manipolazione del mercato, molestia o disturbo alle persone col mezzo del telefono;

- distribuzione, diffusione, divulgazione o pubblicizzazione di materiale pedopornografico o distribuzione o divulgazione di notizie o informazioni finalizzate all'adescamento o allo sfruttamento sessuale di minorenni; - adescamento di minorenni;

- commercio di sostanze alimentari nocive; contraffazione, alterazione o uso di marchi o segni distintivi, brevetti, disegni o modelli; introduzione nello Stato e commercio di prodotti con segni falsi; frode nell'esercizio del commercio; vendita di sostanze alimentari non genuine come genuine; contraffazione di indicazioni geografiche o denominazioni di origine dei prodotti

agroalimentari;

- atti persecutori.

Presupposti ed esecuzione del provvedimento Anche nei casi in cui le intercettazioni sono ammissibili, è comunque necessario che il gip. al quale il PM abbia chiesto l'autorizzazione a provvedervi valuti la sussistenza di **gravi indizi di reato** e l'**assoluta indispensabilità ai fini della prosecuzione delle indagini.**

Talvolta può anche accedere che, data la particolare urgenza, il PM si trovi costretto ad **iniziare immediatamente l'attività di intercettazione**: in tali casi egli è comunque tenuto a emettere un proprio decreto motivato da sottoporre alla convalida del gip entro massimo 48 ore.

Le intercettazioni vanno **condotte dal PM personalmente o avvalendosi di un ufficiale di polizia giudiziaria** e la loro **modalità** e la loro **durata** sono rimesse **al pubblico ministero.**

In generale è necessario **utilizzare gli impianti installati nella procura della Repubblica,** ma talvolta è possibile anche avvalersi di **impianti di pubblico servizio o in dotazione alla polizia giudiziaria.**

Ci si riferisce, in particolare, ai casi in cui esistano ragioni di eccezionale urgenza e gli impianti installati presso la procura siano insufficienti o inidonei.

Inutilizzabilità

Occorre da ultimo sottolineare che **non sempre le intercettaz**

ioni telefoniche possono essere utilizzate.

In particolare, sono innanzitutto inutilizzabili quelle **eseguite fuori dai casi consentiti** dalla legge o **senza osservare le prescrizioni** del codice di rito.

Non possono poi essere utilizzate le intercettazioni

telefoniche relative a **conversazioni o comunicazioni tra persone che siano vincolate al segreto professionale,** se esse abbiano ad oggetto fatti conosciuti in ragione della loro professione o ufficio.

Resta salva l'ipotesi in cui i medesimi fatti siano già stati divulgati dalle medesime persone.

FACIAL ACTION CODING SISTEM

È il primo sistema di codifica delle espressioni facciali, sistematico nella descrizione delle azioni specifiche dei muscoli facciali e dei relativi

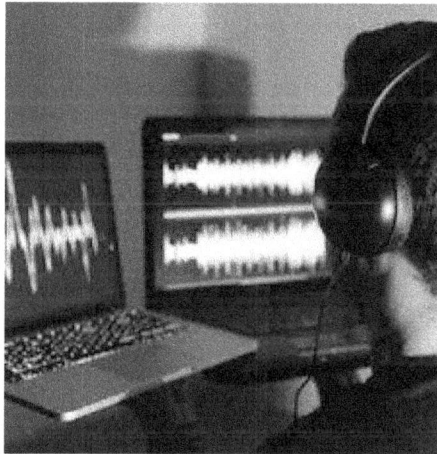

significati emozionali. Elaborato nel 1969 da

Hjortsjo, docente di anatomia all'università svedese di Lund, che parte da spiegazioni di carattere anatomico, per arrivare a descrizioni di variazioni dell'aspetto del volto dovute all'attività muscolare e alla loro classificazione sulla base delle emozioni corrispondenti.

Ogni movimento - azione facciale riporta un numero e la descrizione dei cambiamenti d'aspetto. I principali precedenti studi a quelli di Hjortsjo sono stati svolti da Landis

(1924), Frois-Wittman (1930), Fulcher (1942). Successivamente a Hjortsjo sono seguite le pubblicazioni svolte da Ekman e Friesen (1978), Birdwhistell (1970), Grant (1969), Blurton-Jones (1971), *Brannigan e Humphries (1971), McGrew (1972), Nystrom (1974), Ekman e Friesen (1978), Ermiane e Gergerian (1978), Izard (1979).*

Hjorstjo muore nel 1978, il suo manuale non è stato molto divulgato ed è poco conosciuto.

Facial Action Coding System

Nel 1978 Ekman e Friesen introducono il *Facial Action Coding System (FACS)*. Presenta molte analogie al manuale di Hjortsjo. Il sistema analogamente a quello di Hjorstjo analizza le espressioni facciali scomponendole nelle più piccole unità d'azione (action unit - AU), anche la numerazione è molto simile a quella di Hjortsjo. Nel Facial Action Coding System troviamo in aggiunta alcune codifiche supplementari, la descrizione dell'apertura della bocca, i movimenti della testa e degli occhi.

Mentre nel Manuale di Hjorstjo sono elencate nell'ultimo capitolo le interpretazioni delle azioni, descrivendo 8 famiglie emozionali, il FACS è solamente descrittivo. Ekman e Friesen creano EMFACS per l'interpretazione, descrivendo 6 famiglie emozionali.

Baby facs

Il Baby F.A.C.S. è stato elaborato da Oster (1993) come adattamento per i neonati e bambini piccoli del FACS di Ekman e Friesen. Esso prende in considerazione le particolarità della muscolatura facciale dei bambini, diversa per struttura, anche se già perfettamente sviluppata, in funzione della suzione, fin da prima della nascita.

In Europa applicano i sistemi di codifica vari centri tra cui NCCR Affective Sciences (Svizzera), University of Duisburg-Essen (Germania), Istituto Universitario de Lisbona (Portogallo), NeuroComScience (Italia), University of Strasbourg (Francia).

In televisione

Nel 2009 la Fox ha prodotto Lie to Me. Il protagonista della serie, dottor Lightman (Tim Roth) utilizza l'analisi delle espressioni facciali. La serie è andata in onda fino al 2011, per un totale di tre stagioni.

"La **teoria di Ekman**, definita neuro-culturale, sottolinea l'importanza dei fattori riguardanti aspetti universali e differenze culturali. Il termine "neuro" si riferisce al rapporto tra particolari emozioni e l'attivazione di determinati muscoli facciali.

È su questa base innata che si strutturerebbe il programma facciale delle emozioni, in forza del quale l'insieme delle istruzioni codificate nel sistema nervoso centrale modula le risposte comportamentali.

Il collegamento di un'emozione ad una particolare configurazione di impulsi nervosi determina l'invariabilità delle espressioni facciali associate ad una specifica emozione".

Abbiamo visto come il volto costituisca l'elemento specifico più importante per l'analisi delle espressioni emozionali.

La classificazione dei movimenti muscolari del volto umano nasce dallo studio dell'anatomista svedese Carl-Herman Hjortsjo.

Questi sono stati poi ricodificati da Paul Ekman e Wallace V. Friesen nel 1978, con aggiornamento degli stessi e Joseph C. Hager successivamente nel 2002, e proposti, così come li leggiamo, nel **Facial Action Coding System (FACS)**.

L'analisi delle micro-espressioni facciali con il FACS

Il **FACS** consiste in un sistema descrittivo, quindi di codifica facciale, con il quale vengono attribuiti dei significati alle contrazioni del volto.

L'obiettivo di tale strumento è quello di identificare e codificare ogni movimento che il volto umano può effettuare a partire dalla contrazione che ogni muscolo facciale, singolarmente o in combinazione con altri muscoli, mette in atto.

Per ottenere questo risultato, il volto viene suddiviso in 44 "unità di azione": zone, queste, distinte su base anatomica e accomunate da movimenti tra loro coerenti.

A loro volta, queste unità vengono suddivise in due aree: una superiore, che comprende fronte, sopracciglia e occhi, e una inferiore, che comprende guance, naso, bocca e mento.

In tal modo, ogni movimento mimico complesso può essere analizzato attraverso le unità d'azione che lo compongono.

Nella nuova versione del 2002, le Action Unit (AU) "vengono inoltre contraddistinte in base al grado della loro intensità, misurata su una scala di

tipo Likert a 5 punti e identificati con le lettere dalla A alle E, dove A corrisponde al solo accenno del movimento, ed E alla sua massima intensità.

Intensità delle espressioni facciali secondo il FACS

Poiché questi due estremi sono difficilissimi da riscontrare, l'intensità viene identificata come facente parte del tipo B, C o D.

Un **analista FACS** [...] disseziona l'espressione osservata, decomponendola in specifiche AU che hanno prodotto il movimento.

I punteggi per la rilevazione di specifiche espressioni facciali (EF) consistono nel determinare la lista di AU che sono coinvolte in quell'espressione. È determinata anche la precisa durata di ogni azione, l'intensità di ogni

198

azione muscolare e ogni asimmetria bilaterale. Nell'uso più esperto della metodologia FACS, l'analista riesce a determinare dai primi indizi l'unità di azione coinvolta in un movimento rapido, quando l'azione raggiunge l'apice, la fine del periodo apicale, quando inizia a declinare e quando scompare definitivamente dal volto".

Action Unit ed Action Descriptors nel FACS Oltre alla codifica delle Action Unit (AU), ve n'è una anche degli Action Descriptors (AD), ovvero movimenti più complessi che però si presentano in maniera coordinata.

Il **Manuale FACS** comprende una descrizione di tutte le Action Unit (AU), suddivisa in tre sezioni: nella prima si descrivono i criteri che definiscono il verificarsi dei movimenti, i muscoli coinvolti e il tipo di movimento; nella seconda si definisce come fare a produrre su sé stessi il movimento; infine, nella terza si definiscono i criteri per verificare l'intensità del movimento effettuato. Il processo di codifica consiste nell'attribuzione di un codice ad un determinato movimento muscolare. Il codice comprende una parte numerica, che indica il tipo di AU, e una parte costituita da lettere, le quali indicano l'eventuale asimmetria del movimento e precedono il codice numerico.

La classificazione avviene nel seguente modo:

T indica un movimento che riguarda la parte superiore dell'AU completa (ad es., si muove solo il labbro superiore);

B indica un movimento che riguarda la parte inferiore dell'AU completa (ad es., si muove solo il labbro inferiore);

R indica un movimento che riguarda la parte destra dell'AU;

L'indica un movimento che riguarda la parte sinistra AU.

L'intensità dell'azione, invece, è indicata dalla lettera che segue il codice numerico. I punteggi ottenuti applicando il FACS sono da considerarsi unicamente descrittivi, cioè non forniscono il significato di una determinata mimica facciale. Per ottenere dei dati che abbiano un significato a livello clinico, i punteggi grezzi ricavati vanno tradotti, o decodificati, attraverso l'utilizzo dell'**Emotional Facial Action Coding System (EMFACS)**, una sorta di dizionario di interpretazione e predizione dei dati ottenuti.

"Mentre il FACS comprende le misure di tutti i movimenti facciali, l'EMFACS utilizza le AU distintive per ricostruire il significato emotivo di un'espressione. Include quindi un numero più ristretto di AU: quelle singole e le combinazioni di AU più ampiamente supportate dagli studi che hanno né testato la validità predittiva per segnalare la presenza di emozioni fondamentali.

Gli eventi facciali misurati sono quindi interpretati come espressioni delle emozioni di base di felicità, rabbia, disprezzo, disgusto, paura, tristezza, sorpresa e sorriso sociale.

Le valutazioni **EMFACS** di una EF, ad esempio, possono indicare che il labbro superiore di un soggetto si solleva simmetricamente nello stesso momento in cui c'è un arricciamento del naso, mostrando che la persona sta esibendo l'EF di disgusto".

Alcuni eventi facciali non possono essere decodificati come emozioni primarie, ma possono comunque essere interpretati. L'EMFACS, infatti, interpreta anche le "emozioni miste", cioè due o più emozioni base emesse simultaneamente, e le "maschere", ossia pattern in cui l'esibizione di un'emozione è mascherata da un'altra. "In caso di codifica di unità di azione simultanee si frappone il simbolo "+" tra le diverse codifiche.

Quest'ultime sono disposte in maniera crescente in base al codice numerico identificativo. Ad esempio, è corretto codificare 1B+2C+5E, mentre è scorretto codificare 5E+1B+2C"89.

Infine, sia il **FACS** che l'**EMFACS** permettono di distinguere tra espressioni facciali involontarie o spontanee e espressioni facciali volontarie o posate, tra sorriso "vero" e "sorriso finto".

Emani suddivide la mimica facciale in tre categorie:

macro-espressioni: sono tutte quelle espressioni che durano un tempo sufficiente per essere viste e interpretate senza difficoltà;

microespressioni, ovvero espressioni facciali brevissime, da 1/2 a 1/25 di secondo. Queste espressioni brevissime possono presentarsi per due ragioni: per uno sforzo consapevole di dissimulazione oppure come prodotto di una rimozione qualora il soggetto non è consapevole dell'emozione che sta vivendo. Spesso la micro-espressione è intensa e coinvolge

tutto il viso;

espressioni sottili: sono espressioni minime che si manifestano solo in parte del viso, oppure lo coinvolgono tutto ma in maniera molto attenuata. I motivi per cui si manifestano possono essere diversi: l'emozione che si sta provando è poco intensa, o sta scaturendo in quel momento, oppure si tratta di un'emozione intensa che viene attivamente repressa lasciando sfuggire solo qualche gesto rivelatore.

Cerchiamo di capire ora come le micro-espressioni possano essere d'aiuto nello smascherare un bugiardo passando in rassegna quelle più significative. Saranno inseriti anche i micro-gesti, in quanto va ricordato che il metodo prevede una valutazione della persona nella sua globalità.

Micro-gesti: si tratta frammenti di gesti completi, come ad esempio un frammento di scrollata dispalle o un piccolo movimento rotatorio delle mani, quasi

impercettibili;

espressioni soffocate: brusche interruzioni messe in atto dal soggetto che si accorge dell'emozione che sta per trapelare dal suo viso. Spesso sono coperte con emozioni diverse, solitamente con il sorriso. Durano più a lungo, ma sono meno complete delle micro-espressioni. Anche se il messaggio emotivo non trapela, è l'atto stesso di interruzione a costituire un indizio significativo;

197

asimmetria: un'espressione facciale è asimmetrica quando le stesse azioni compaiono nelle due metà del viso, ma sono più intense in una che nell'altra, probabilmente per le "regole di ostentazione" sopraccitate.

L'asimmetria diventa pertanto un importante indicatore perché, a differenza delle espressioni spontanee, quelle false si manifestano in modo asimmetrico;

sorriso: ci permette di distinguere tra espressioni vere ed espressioni false in quanto è spesso utilizzato per mascherare un'emozione negativa. Se ci troviamo in presenza di un sorriso spontaneo (sorriso Duchenne), esso sarà coerente col resto del viso e sarà associato ad una esperienza soggettiva di felicità. In questo caso corrisponderà ad una classificazione EMFACS AU 12+6.

Un sorriso falso, al contrario, risulta essere asimmetrico, non associato ad alcun sentimento di felicità, prevede solo la contrazione della parte inferiore del viso – ossia del muscolo gran zigomatico, mentre non è accompagnato dall'azione dei muscoli attorno agli occhi – dove copre i segni dell'emozione che vorrebbe dissimulare, e può scomparire bruscamente.

Si possono distinguere diversi tipi di sorrisi: di paura, di disprezzo, sorriso smorzato, ecc., ognuno dei quali caratterizzati da funzioni e configurazioni facciali diverse

tracce del viso difficili da inibire: coinvolgono quelle aree del volto in cui c'è meno controllo volontario e che quindi diventano più facilmente indicatrici di emozioni reali.

Una di queste è la fronte, oppure lo stringere le labbra quando si prova rabbia;

errori nella durata di un'emozione e nella scelta del momento di attacco e stacco di un'emozione. Dato che, generalmente, le espressioni emotive durano appena alcuni secondi, se il nostro interlocutore mostra un'espressione continuata che dura tra i 5 e i 10 secondi è probabile che si tratti di un'emozione falsa.

Anche la collocazione di un'espressione rispetto al flusso del discorso, alle alterazioni della voce, ai movimenti del corpo sono indizi utili.

Secondo una ricerca di Vrij et al., in un contesto criminologico l'utilizzo simultaneo di indicatori sia verbali, come ad esempio il **Criteria Based Content Analysis (CBCA)**, che non verbali, come, appunto, il FACS, possono facilitare il riconoscimento della menzogna. Sotto quest'ottica, possiamo assumere il criterio della triangolazione di Denzin, secondo il quale utilizzando contemporaneamente diversi metodi i limiti dell'uno vengono colmati dai vantaggi dell'altro, incrementando così l'attendibilità dei dati tratti dall'analisi.

Con questi studi, ERKMAN riprende le idee sviluppate da Darwin e conferma la sua ipotesi sull'universalità delle espressioni emotive.

Per quanto riguarda la **rabbia**, le aree del viso su cui fare riferimento per una corretta codifica sono le sopracciglia, gli occhi (e le palpebre) e la bocca.

Le **sopracciglia** –comunicazione non verbale di rabbia.

Nella mimica della rabbia, le sopracciglia risultano abbassate e ravvicinate. Il ravvicinamento degli angoli interni di solito produce delle rughe verticali tra le sopracciglia.

Questo aggrottamento di solito è accompagnato da segni di rabbia negli occhi e nella bocca, anche se a volte il resto del viso può rimanere neutro e, in questi casi, non necessariamente è indice di rabbia.

Gli **occhi** e le **palpebre** – comunicazione non verbale di rabbia

Nella mimica della **rabbia** le palpebre sono tese e gli occhi sembrano fissare in maniera dura o penetrante.

Questo aspetto, è impossibile senza l'intervento delle sopracciglia, perché è proprio il loro aggrottamento a causare il rimpicciolimento della parte alta dell'occhio, spingendo in basso la palpebra superiore.

La tensione e il sollevamento della palpebra inferiore, invece, possono presentarsi anche da soli, ma in quel caso il significato è ambiguo; potrebbe indicare lieve irritazione, oppure una rabbia mascherata, ma anche la difficoltà di mettere a fuoco lo sguardo.

La **bocca** –comunicazione non verbale di rabbia

Ci sono due tipi base di bocca nell'espressione di rabbia. Nella prima tipologia (A), le labbra sono serrate ad indicare il passaggio all'azione per aggredire fisicamente l'altro, oppure lo sforzo di controllare l'espressione vocale di rabbia. Nella seconda tipologia (B), invece, la bocca è aperta e squadrata ed è osservabile mentre si grida o si esprime rabbia a parole.

Tipicamente questi due aspetti della bocca sono accompagnati dall'espressione irata degli **occhi** e delle **sopracciglia**, ma possono presentarsi anche da soli.

Il messaggio in questo caso è ambiguo, come quello inviato solo dalle sopracciglia aggrottate o dalle palpebre tese: la bocca da sola può indicare lieve irritazione, rabbia controllata o sforzo fisico (per esempio sollevare un oggetto pesante); quella aperta può apparire, invece, quando si grida non per rabbia (per esempio allo stadio) o si emettono certi suoni.

Mimiche incomplete – comunicazione non verbale di rabbia.

Al fine di una corretta interpretazione dell'espressione della rabbia, è necessaria la modificazione di tutte e tre le aree del viso sopraelencate.

La presenza di una o due di queste aree (ad esempio **sopracciglia** e **palpebre** o **bocca** e **palpebre**), non garantisce il riconoscimento dello stato emotivo in quanto il significato potrebbe risultare ambiguo.

In questo la rabbia differisce notevolmente dall'espressione delle altre emozioni, come la **paura**, la **sorpresa**, la **felicità**, ecc., nelle quali l'azione di due di queste aree può far riconoscere con certezza la determinata emozione.

L'ambiguità della mimica della rabbia quando non si estende all'intera faccia, in cui si nota un aspetto leggermente diverso nelle palpebre.

L'**occhio** appare sporgente e la palpebra inferiore tesa; se ciò è accompagnato solo dall'abbassamento delle **sopracciglia**, il messaggio risulta ambiguo (rabbia controllata, concentrazione), ma aggiungendo una lieve tensione nella parte basse del volto, l'espressone perde ogni ambiguità.

Questo soprattutto quando c'è una lieve tensione del labbro superiore e degli angoli della bocca, protrusione del labbro inferiore e una leggera dilatazione delle narici.

Questo aspetto è molto importante in quanto dimostra che non c'è bisogno di segnali estremi di rabbia al fine del suo riconoscimento; è necessaria, invece, la loro presenza in ogni area del volto al fine di poter indicare, in maniera non ambigua, la presenza **dell'emozione**.

Per svolgere un'analisi professionale del comportamento non verbale è fondamentale utilizzare tecniche che permettono di descrivere in maniera oggettiva il comportamento e attribuire ad esso un significato attendibile.

I principali **vantaggi** riconosciuti dall'Analisi scientifica della comunicazione non verbale sono:

Individuare con accuratezza le emozioni e gli stati d'animo altrui

Anticipare i comportamenti della persona analizzata

Smascherare le menzogne con l'integrazione dell'analisi verbale con quello delle espressioni facciali

Identificare i punti di forza e debolezza nell'interlocutore e nella relazione interpersonale.

È possibile **imparare** le tecniche di analisi non verbale in **poco tempo** seguendo training mirati in cui viene utilizzata una **didattica interattiva** e basata sulle **esercitazioni pratiche**.

Le basi scientifiche

Un primo testo scientifico sulle espressioni emozionali è il libro del neurologo francese, Guillaume Benjamin Armand Duchenne de Boulogne, intitolato *Mécanisme de la physionomie humaine, ou Analyse électro-physiologique de l'expression des passions applicable à la pratique des arts plastiques*. Scritto nel 1862 riporta il metodo di applicare gli elettrodi alla muscolatura del volto per stabilire la relazione tra i movimenti facciali e le relative espressioni emozionali.

Ancor oggi in onore dello studioso francese, il sorriso di gioia autentica viene definito come sorriso Duchenne.

Successivamente, nel 1872, Charles Darwin scrive il saggio *L'espressione delle emozioni nell'uomo e negli altri animali* nel quale ipotizza che le emozioni siano innate perché sono un prodotto dell'evoluzione.

A tali emozioni corrispondono delle espressioni facciali e corporee che sono le stesse sia in uomini di diversa etnia sia in primati non umani o in altri animali.

Gli studi sulle espressioni facciali di Darwin, però, non proseguono dopo la sua morte a causa dell'ostilità dell'ambiente scientifico nei confronti suoi e delle sue teorie; egli è infatti criticato per aver attribuito agli animali sentimenti che appartengono, secondo i suoi detrattori, solo agli umani e per essersi basato sull'osservazione diretta.

216

Le concezioni sull'universalità delle espressioni emozionali di base trovano particolare interesse dopo la metà degli anni '50.

Ricercatori eminenti quali, per citarne alcuni, Friesen, Ellsworth, Ekman, Izard, Birdwhistell, cercano di dimostrarne la validità. Sviluppano un insieme di teorie, metodi e prove che, nella loro totalità, costituiscono il cosiddetto Programma Espressione Facciale.

Questi studiosi ritengono che all'origine dell'espressione delle emozioni e dell'esperienza emozionale vi sia un preciso numero di programmi neurofisiologici innati.

Esiste, quindi, un percorso specifico per ogni emozione che assicura l'invariabilità delle espressioni facciali, associate a ciascuna emozione.

I programmi neuronali innati, ereditati filogeneticamente, danno luogo a risposte adattive riconducibili alle famiglie emozionali.

Secondo la teoria evolutiva, in cui rientrano tali lavori, le emozioni hanno una funzione adattiva, permettono agli individui di reagire tramite una risposta immediata a stimoli interni, esterni, naturali o appresi, consentendo in questo modo di sopravvivere.

Le tecniche di analisi non verbale si distinguono in due gruppi:

tecniche di **codifica,** la descrizione dei movimenti del volto e del corpo;

tecniche di **decodifica,** che forniscono l'interpretazione del movimento.

Tecniche di Analisi scientifica delle espressioni del volto

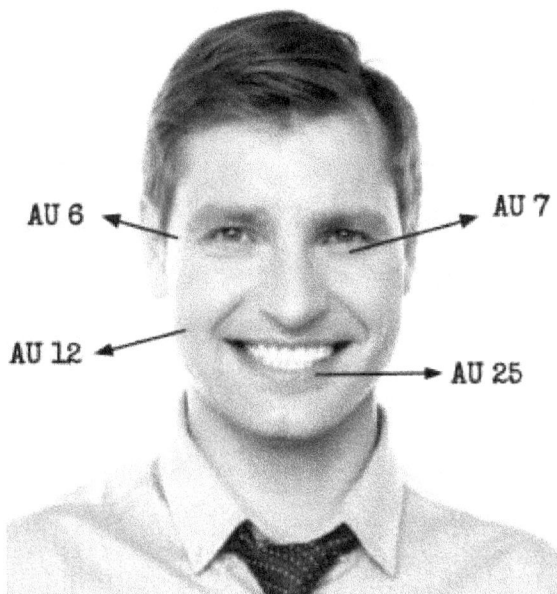

AU 6
AU 7
AU 12
AU 25

Interpretative System of Facial Expressions (ISFE)

Con l'*Interpretative System of Facial Expressions (ISFE)* elaborato nel 2013 da Jasna Legisa nel Laboratorio NeuroComScience si ottiene una tavola sinottica per i significati dei movimenti facciali.

Si tratta di una serie di tabelle e di descrizioni che integrano e ordinano le azioni del volto alle emozioni. Le indicazioni sono tratte dai sistemi precedenti e dalla letteratura esistente in materia. Oltre alle espressioni

219

delle emozioni primarie e secondarie, sono descritti anche altri segnali facciali: i manipolatori, gli illustratori e i regolatori.

In primo luogo, le espressioni emozionali vengono raggruppate nelle cosiddette *grandi famiglie* come suggeriscono Hjorstjo (1969), Izard (1979) ed Ekman (1983). Ad ogni *famiglia* appartengono quindi più espressioni facciali che, nonostante le diverse sfumature del significato interpretativo, sono accomunate dal fatto di ricevere la stessa collocazione emozionale.

Ad esempio, nella *famiglia della sorpresa* rientrano la sorpresa sincera, quella simulata, quella annoiata, lo sbalordimento, e così via.

Nelle *tabelle ISFE* i movimenti delle emozioni primarie sono stati distinti in 3 categorie:

nella **categoria 1** rientrano i movimenti muscolari che appartengono ad una categoria emozionale;

nella **categoria 2** vengono posti quei movimenti che possono appartenere a due o tre famiglie di emozioni primarie;

nella **categoria 3,** infine, rientrano le *varianti minori* delle espressioni emozionali, vale a dire i movimenti che, potendo rientrare in molte famiglie emozionali. Tale distinzione in categorie facilita la precisione dell'interpretazione e di tutta l'analisi

Metodo di Hjortsjo: Man's Face and Mimic Language

Si tratta della prima trattazione sistematica delle azioni specifiche dei muscoli facciali e dei relativi significati emozionali raggruppati in 8 famiglie di emozioni.

È elaborata nel 1969 da Hjortsjo, docente di anatomia all'università svedese di Lund. Nel suo Manuale troviamo quindi la codifica delle espressioni facciali e la decodifica Con esso è possibile determinare le contrazioni dei muscoli facciali, singolarmente o in combinazione. I principali studi precedenti a Hjortsjo sono svolti da Landis (1924), Frois-Wittman (1930) e Fulcher (1942) che risultano molto meno completi.

Maximally Discriminative Coding System (MAX) Se fin qui sono stati descritti gli strumenti di codifica il cui obiettivo è stato quello di descrivere tutti movimenti muscolari facciali, a prescindere dalla conoscenza del significato di tali azioni, in questo altro strumento vengono individuate solo le

unità comportamentali dei movimenti a cui gli autori attribuiscono un significato.

Il *Maximally Discriminative Coding System (MAX)*, elaborato da Izard nel 1979, e l'*AFFEX*, predisposto nel 1983, che risulta essere una seconda versione del *MAX*, ad opera, oltre che di Izard, anche di Dougherty e Hembree, stabiliscono *a priori* le configurazioni facciali, etichettandole sulla base delle espressioni del volto tipiche delle emozioni di rabbia, tristezza, paura, interesse, gioia, sorpresa, dolore, disgusto, vergogna.

In pratica, viene classificata un'espressione prototipica per ciascuna emozione.

Le emozioni prese in considerazione sono disgusto, rabbia, sorpresa, paura, tristezza, gioia, interesse, dolore.

Emotion FACS (EMFACS) e Facial Action Coding System Affect Interpretation Dictionary (FACSAID)

Ekman e Friesen delineano i significati interpretativi alle *UA* del *FACS*, descrivendo le espressioni di 6 *famiglie* di emozioni: gioia, tristezza, disgusto, rabbia, sorpresa e paura.

Tale lavoro, svolto negli anni '80, viene denominato Emotional FACS (EMFACS). Dal 1994 Hager lavora presso il laboratorio di Ekman e studia le tecniche di riconoscimento automatico computerizzato delle azioni facciali.

È stato elaborato un database dotato di una nuova interfaccia, creando così il sistema chiamato *FACS Affect Interpretation Dictionary* o *FACSAID*.

Hanest

Nello stesso anno in cui esce la prima versione del Facial Action Coding System, 1978, esce anche il Manuale HANEST elaborato da due ricercatori francesi, Ermiane e Gergerian, che ha lo stesso scopo ovvero descrivere i movimenti facciali.

Facial Action Coding System

Nel 1978 Paul Ekman e Vincent W. Friesen introducono il *Facial Action Coding System (FACS), n*el 2002 esce la seconda versione con Joseph Hager.

È un sistema descrittivo, quindi di codifica facciale, e quindi non attribuisce significati alle espressioni facciali.

Si tratta di una descrizione minuziosa dei cambiamenti d'aspetto dovuti alle contrazioni facciali.

224

Baby Facial Action Coding System (BabyFACS) Stessa struttura del sistema di codifica come per gli adulti, viene utilizzata specificamente ai neonati e ai bambini piccoli. Oster (1993) prende in considerazione le particolarità del volto e adegua le descrizioni.

Il *BabyFACS* è puramente descrittivo dei cambiamenti d'aspetto dei movimenti facciali, senza attribuirne significati interpretativi.

Esempio semplice di configurazione di codifica e decodifica delle espressioni facciali (FOTO ESEMPIO)

CODIFICA
Contrazione del muscolo zigomatico maggiore (AU12)

DECODIFICA
Sorriso sociale-falso

CODIFICA
•Contrazione del muscolo zigomatico maggiore (AU12)
•Apertura della bocca e dei denti (AU25+AU26)
•Contrazione fibre esterne dell' orbicolare dell'occhio (AU6)
•Contrazione fibre interne dell' orbicolare (AU7)
DECODIFICA
Sorriso autentico-Duchenne

Alcune Azioni di base del volto superiore

1 – innalzare la parte interna delle sopracciglia

2 – innalzare la parte esterna delle sopracciglia 4B

4– abbassamento e avvicinamento delle sopracciglia

213

5 – sgranare gli occhi   5D

6 – guance innalzate   6E

7A

7 – tensione della palpebra

1+2+4 (o 3, secondo alcune tecniche di codifica). Si tratta del prototipo della PAURA.

In nessun'altra emozione primaria si verifica tale combinazione.

4+5 Prototipica per il volto superiore della rabbia.

Tecniche di Analisi scientifica dei gesti e della postura Body Coding System È il sistema di **codifica** e **decodifica** del comportamento motorio gestuale e posturale per l'analisi della comunicazione non verbale, elaborato da Jasna Legisa. Il sistema di Body Coding System analizza le espressioni non verbali del corpo scomponendole nelle unità d'azione al fine di una classificazione che permette la lettura delle emozioni di una persona.

Il Body Coding System si basa sull'osservazione dei cambiamenti momentanei d'aspetto del corpo dovuti all'attività muscolare. La tecnica per la misurazione del comportamento motorio gestuale e posturale è nata per rispondere ai quesiti riguardanti i legami esistenti tra le espressioni del corpo e l'esperienza emotiva e i processi comunicativi. Quindi gli obiettivi di **Body Coding System** sono:

ADOTTARE un approccio strutturato di analisi del comportamento motorio gestuale e posturale

DEFINIRE la struttura dei movimenti e la relativa classificazione

ASSOCIARE i movimenti e le posture ai significati emozionali, di conversazione e culturali.

L'esame è una tappa fondamentale per l'utilizzo della tecnica Body Coding System e quindi **essere certificati per poter applicare lo strumento**. È consigliato prendere parte alla prova finale dopo aver fatto molta pratica nell'analisi del comportamento motorio gestuale, non è sufficiente infatti una lettura superficiale del manuale.

Per superare l'esame è necessario avere una buona padronanza delle unità d'azione corporee e saperle riconoscere nel minor tempo possibile.

Il nostro team, proprio per aiutarvi ed accompagnarvi nell'apprendimento, sarà sempre a disposizione per eventuali chiarimenti o dubbi.

La commissione d'esame che certifica la conoscenza del sistema di codifica motorio gestuale e posturale Body Coding System sarà composta da due o più esperti codificatori BCS ed Analisti del comportamento emozionale del volto e del corpo indicati dal laboratorio di analisi comportamentale di Neuro Com Science.

The Body Action and Posture coding system (B.A.P.; Dael, N., Mortillaro, M., & Scherer, 2012), è il sistema di codifica del comportamento motorio gestuale e posturale che considera varie parti del corpo.

Il Body Action and Posture Coding System studia principalmente le differenze di cambiamento tra azione e postura, per gli autori le azioni sono unità del movimento del corpo divise che non sono una parte della classificazione del corpo.

Un'unità d'azione del corpo è una deviazione locale di uno o di un gruppo di articolatori (testa, tronco, braccio, mano) al di fuori di una precedente configurazione di postura e ritorna sempre da quello o ad un'altra configurazione di postura. (ad es. scuotimento della testa, gesto di puntare un dito).

Al contrario delle unità di postura, le unità d'azione capitano e cambiano più frequentemente, e hanno un inizio molto discreto (punto d'inizio), una relativamente breve durata e un chiaro finale (punto di fine).

Queste azioni corporee sono eseguite da testa, spalle tronco, braccia (gomito) e gambe

(ginocchio) e coinvolgono attività quali abbassare la testa, alzare le spalle, gesticolare, graffiare, calciare, ecc.

L'inizio di un'unità d'azione è il punto temporale quando il soggetto cambia la corrente posizione di riposo. La fine di un'unità d'azione è il punto temporale quando il soggetto è tornato in una posizione (di riposo) (quella iniziale o una nuova posizione).

Il Body Action and Posture coding system suddivide la ricerca in Fase di transizione e fase di configurazione, e sono sempre correlate al raggiungimento di una postura.

217

La transizione d'inizio è il punto di partenza del movimento necessario per raggiungere la posizione finale, o il fotogramma iniziale del video.

La transizione è il punto temporale dove la transizione descritta in una particolare categoria è conclusa, o l'ultimo fotogramma del video se il movimento compromesso è tagliato dal video. Il fotogramma è codificato come l'inizio della configurazione della postura.

Non tutte le azioni del comportamento interrompono una posizione in corso. Perciò è possibile che una posizione di una parte del corpo (ad es. la testa in avanti) non è spezzata dall'azione di un'altra parte del corpo (scuotimento laterale della testa).

Durante la fase di configurazione la posizione finale del soggetto codificato è mantenuta per la direzione codificata. Ciò non implica che la postura ottenuta è statica.

Nel Body Action and Posture coding system le posture sono differenti dalle azioni perché:

1. le posture sono meno soggette a frequenti cambiamenti e conseguentemente hanno durata più lunga;

218

2. le posture sono robuste (piccoli movimenti non cambiano o distorcono la postura);

3. considerato che le azioni possono o non possono essere mostrate, il corpo è continuamente in uno o in un altro allineamento posturale.

Questo significa che quando una parte del corpo non è coinvolta in un'azione, è sempre in una particolare postura.

An Annotati on Scheme for Conversational Gestures: How to economically capture timing and form

Un altro sistema di codifica del motorio gestuale è stato elaborato da Kippetal. (2007) descritto nel *An Annotation Scheme for Conversational Gestures: How to economically capture timing and form* (Kipp et al 2007). In quanto loro obiettivo è fornire buone annotazioni sui gesti che una persona fa, per chiarire il significato dei gesti che si fanno durante una conversazione, tentando di dare una spiegazione universale di questi movimenti, studiano principalmente braccia e mani e tralasciano tutto il resto del corpo. Svolgono una ricerca principalmente sulla misura dell'altezza, della distanza, il tipo di orientamento radiale, la traiettoria di braccia e mani, ma anche qui mancano i movimenti complessi e la descrizione

di tutti i movimenti che possono essere eseguiti dal corpo. **Neuroges (NGS) system** descrive i gesti in 3 moduli, considerando soprattutto i movimenti delle mani:

1. cinesica gestuale, 2. codifica relazionale bimanuale e

3. codifica delle funzioni gestuali.

Il primo modulo si riferisce alle caratteristiche dei movimenti delle mani: movimento verso non movimento, traiettoria del movimento, dinamicità (ovvero tempo, flusso). Il secondo modulo si riferisce alla relazione tra due mani, la relazione spaziale e la funzione relazionale. Il terzo modulo si riferisce alla funzione e alla classificazione dei gesti.

PRE
SEN
TAZ
ION
E

CRIMINOLOGIA E CRIMINALISTICA FORENSE
BARTOLO DANZI

CRIMINOLOGIA E CRIMINALISTICA FORENSE
BARTOLO DANZI